Sandra Nauheimer

Das Freulein backt!
zur Weihnacht

SANDRA NAUHEIMER

Das Freulein backt!
zur Weihnacht

LIEBLINGSREZEPTE DER HESSEN

SOCIETÄTS
VERLAG

Alle Rechte vorbehalten • Societäts-Verlag
© 2019 Frankfurter Societäts-Medien GmbH
Layout & Satz: Bruno Dorn, Societäts-Verlag
Umschlaggestaltung: Bruno Dorn, Societäts-Verlag
Umschlagabbildung: Sandra Nauheimer
Druck und Verarbeitung: Print Consult, München
Printed in EU 2019

ISBN 978-3-95542-351-3

Inhalt

Schokoladiges

Danksagung

Die Autorin

Vorwort

Liebe Leserinnen und Leser,
liebe Bäckerinnen und Bäcker,

die Idee zu diesem Buch mit (vor-)weihnachtlichen Backrezepten entstand vor knapp einem Jahr während der *Kreativ Welt Messe* Frankfurt. Diese Erlebnis- und Einkaufsmesse bietet seit 25 Jahren alles fürs Selbermachen. Getreu dem Motto: *Mitmachen – Kaufen – Selbst gestalten* können Freunde des kreativen Schaffens sämtliche Kreativ-Disziplinen ausprobieren von Basteln über Handarbeit, Deko, Schmuck, Mode und auch neuerdings Backen.

Damit landete die Messe sogleich einen Volltreffer! Kreativität und Backen – das gehört eben schon seit jeher zusammen. So findet sich auf der Messe eine Vielzahl von Backfreunden, Enthusiasten süßer Genüsse und Macher ausgefeilter Kreationen zusammen, um sich über neue Rezepte, liebevolle Dekorationen, Ausstecher in allen erdenklichen Formen, Fondants und Puderfarben auszutauschen.

Die große hessische Freude am Backen hat schließlich dazu geführt, dass Kreativ Welt und Societäts-Verlag gemeinsam über die befreundeten Tageszeitungen Frankfurter Neue Presse, Frankfurter Rundschau und weitere soziale Medien zu einer groß angelegten Mitmachaktion aufgerufen haben: „Schick uns dein weihnachtliches Lieblingsrezept!", lautete eine Anzeigenkampagne in der Vorweihnachtszeit 2018, die die Leserinnen und Leser dazu animierte, ihre Rezeptideen einzusenden.

Aufgrund der enormen Resonanz haben wir uns entschlossen, eine Auswahl der schönsten Einsendun-

gen nachbacken zu lassen und in einem aufwendig bebilderten Band zusammenzuführen, frei nach dem Motto: Hessen backt zur Weihnacht! Natürlich wird auch in Verlagen und Redaktionen vor Weihnachten Süßes verdrückt, aber wir haben diese Aufgabe viel lieber der südhessischen Backexpertin Sandra Nauheimer überlassen, die schon seit längerer Zeit einen erfolgreichen Blog zum kreativen Backen betreibt.

„Das Freulein backt" – so der Name des digitalen Angebots – aus Freude am Backen, was die Distanz zum Bild altbackener Fräuleins hinter dem Ofen ebenso spielerisch klarstellt wie die Liebe zu süßen oder salzigen Kreationen, die begeistert ausprobiert und genussvoll verzehrt werden wollen.

Alle Rezepte eignen sich perfekt für die (Vor-)Weihnachtszeit und viele zudem für den Rest des Jahres zum Schmausen und Schlemmen. Unser Ziel war ein Weihnachts-Backbuch, das seine Leserinnen und Leser gleichermaßen in der heimischen Küche abholt und begeistern kann. Ein Backbuch, das in jede gut sortierte hessische Küche gehört!

Viel Freude beim Backen, Ausprobieren, Dekorieren und Genießen wünschen Ihnen die Teams von

Kreativ Welt und Societäts-Verlag sowie Sandra Nauheimer

Frankfurt, im September 2019

ESPRESSOPLÄTZCHEN
(REZEPT SEITE 19)

Keksiges

Baiser

Den Backofen auf 100 Grad Umluft / E-Herd 120 Grad vorheizen.

Zwei Backbleche mit Backpapier auslegen und beiseitestellen.

Die beiden Eier trennen und das Eiweiß in eine große Rührschüssel geben. Mit dem Schneebesen des elektrischen Rührers das Eiweiß steif schlagen. Währenddessen den Zucker mit einrieseln lassen und so lange weiter schlagen, bis das Eiweiß eine leicht glänzende Textur bekommt.

Das steife Eiweiß in einen oder zwei Spritzbeutel mit Spritz- oder Lochtülle nach Wahl geben. Jetzt nach Lust und Laune kleine Baisers auf das Backpapier spritzen.

Die Baisers **ca. 70 Minuten** backen.

Nach dem Abkühlen das Gebäck punktuell mit einem kleinen Pinsel und etwas Wasser befeuchten und sofort ein kleines Stück Blattgold darauf platzieren.

Zutaten:

2 Eier
100 g feiner Zucker

Zum Dekorieren:
Blattgold

Buttertaler

Den Puderzucker über einer Schüssel fein sieben.

Die Butter, den Puderzucker und das Salz mit einem elektrischen Rührer cremig aufschlagen.

Das Mehl und die Stärke in einer separaten Rührschüssel mischen. Ca. zwei Drittel davon der Butter-Zuckermasse hinzugeben, alles vermengen und zuletzt den Rest mit den Händen unterkneten.

Den Teig auf einem Holzbrett zu daumendicken Rollen formen. Mit einem sauberen Küchentuch abdecken und für **30 Minuten** kalt stellen.

Zwischenzeitlich den Backofen auf 155 Grad Umluft / E-Herd 175 Grad vorheizen.

Die gekühlten Teigrollen mit einem scharfen Messer in ca. 5–7 Millimeter dicke Scheiben schneiden. Vorsichtig auf ein mit Backpapier ausgelegten Backblech platzieren und mit der Gabel auf jeden Taler ein Muster eindrücken.

Die Buttertaler **ca. 13 Minuten** hell backen.

Das Backblech aus dem Backofen herausnehmen und die Taler auskühlen lassen. In einer Dose verstauen und aufbewahren.

Rezept von Hildegard Ludwig, Gießen

Zutaten:

250 g Butter
100 g Puderzucker
2 EL Vanillezucker
1 Prise Salz
150 g Mehl
200 g Stärke

Engelsbäckchen

Zutaten:

260 g Mehl
90 g Zucker
1 Päckchen
Vanillezucker
3 Eier
185 g Butter oder zu
je 50% Butter und
Butterschmalz

Füllung:
100 g Johannisbeer-
oder Himbeergelee

Den Backofen auf 155 Grad Umluft /
E-Herd 175 Grad vorheizen.

Das Mehl über einer Schüssel fein sieben. Die 3 Eier nehmen und jeweils das
Eiweiß vom Eigelb trennen.

Nun den Zucker, den Vanillezucker,
das Eigelb und die Butter dazugeben.
Alles zu einem feinen Mürbeteig verarbeiten. Den Teig in etwas Klarsichtfolie
wickeln und für **ca. 1 Stunde** im Kühlschrank kühlen.

In der Zwischenzeit ein Backblech mit
Backpapier vorbereiten.

Nach dem Kühlvorgang aus dem Teig
3–4 Zentimeter kleine Kugeln formen,
auf das Backblech setzen und mit der
Hand etwas flach drücken. Mit Hilfe
eines bemehlten Kochlöffelstiels eine
Vertiefung in die Kugeln drücken.

Das Gelee durch ein Sieb streichen und
die Engelsbäckchen vorsichtig damit
befüllen.

Engelsbäckchen **ca. 10–15 Minuten**
goldbraun backen.

Rezept von Birgit Sieber, Echzell

Espressoplätzchen

Als Erstes wird das Puderzucker abgewogen und fein gesiebt.

Für den Teig das Mehl mit Kakao, Espressopulver, gesiebten Puderzucker und Vanillezucker in eine Schüssel mischen. Dann die Butter mit einer Teigkarte unterhacken und alles rasch zu einem glatten Teig verkneten.

Den Teig auf einen Teller setzen und mit einem sauberen Küchentuch zugedeckt für **ca. 30 Minuten** im Kühlschrank kühlen.

Jetzt den Backofen auf 160 Grad Umluft / E-Herd 180°C vorheizen. Zugleich ein Backblech mit Backpapier auslegen und bereitstellen.

Den Teig auf einer bemehlten Arbeitsfläche zur langen Wulst rollen und in 16 gleich große Stücke schneiden. Mit den Händen diese zu Kugeln formen und aufs Backblech setzen. Den Plätzchen zuletzt mit einer Gabel die Rillen eindrücken.

Im vorgeheizten Backofen Espressoplätzchen **ca. 8–12 Minuten** goldbraun backen. Anschließend das Gebäck gut auskühlen lassen.

Espressoplätzchen vor dem Servieren mit Puderzucker bestäuben.

Rezept von Bettina Eifert, Hungen

Zutaten:

120 g Mehl
20 g Kakaopulver
1 TL Instant-
Espressopulver
50 g Puderzucker
2 TL Vanillezucker
120 g weiche Butter

Puderzucker zum
Bestäuben

Haferflockenkekse

Den Backofen auf 160 Grad Umluft / E-Herd 180 Grad vorheizen.

Ein Backblech mit Backpapier auslegen und griffbereit halten.

Butter, Zucker, Vanillezucker und das Ei in einer Schüssel mit einem elektrischen Rührgerät verrühren.

Dann die trockenen Zutaten wie Haferflocken, Mehl, Backpulver und Kakao mischen. Die Trockenmischung zu dem Butter-Zuckergemisch geben und unterrühren.

Mit zwei Teelöffeln kleine Häufchen aus dem fertigen Keksteig formen und auf das Backblech setzen.

Die Haferflockenkekse **ca. 10 Minuten** backen und dann abkühlen lassen.

Tipp: Die Haferflockenkekse verlaufen während des Backens etwas, daher etwas Abstand zwischen den Keksen beibehalten.

In einem geschlossenen Behältnis bleiben die Kekse besonders lange frisch.

Rezept von Rita Rausch, Gemünden

Zutaten:

200 g weiche Butter
200 g Zucker
1 Päckchen Vanillezucker
1 Ei
250 g Haferflocken (blütenzart)
100 g Mehl
1 Päckchen Backpulver
1 EL Kakao

Karamell-Kekse

Den Backofen auf 170 Grad Umluft / E-Herd 190 Grad vorheizen.

Für den Teig Butter, Puderzucker und Mehl in einer großen Rührschüssel zu einem Knetteig verarbeiten. Mit einem Küchentuch die Schüssel abdecken und im Kühlschrank **30 Minuten** kaltstellen.

Den Keksteig auf die bemehlte Arbeitsfläche geben und kurz kneten. Danach den Teig mit einem Nudelholz ca. 0,5 Zentimeter dick ausrollen und mit einem Glas oder Ausstecher ca. 5 Zentimeter runde Kekse ausstechen.

Diese dann auf ein mit Backpapier ausgelegtes Backblech legen und im vorgeheizten Backofen **ca. 12–15 Minuten** blass goldbraun backen.

Auf einem Gitterrost vollständig abkühlen lassen.

Die Sahnetoffees auf einem Brett in kleine Stücke schneiden. In einem kleinen Topf die Toffees und die Butter bei geringer Hitze schmelzen. Mit einem Esslöffel ständig das entstehende Karamell rühren. Den Topf von der Herdplatte nehmen und eine Minute abkühlen lassen.

Tipp: Sollte der Karamell doch schon zu kalt sein, einfach wieder ein wenig erwärmen.

Von dem noch warmen Karamell jeweils einen Klecks auf einen Keks geben. Die Karamellkleckse erkalten lassen.

Die Vollmilchkuvertüre grob zerkleinert und im Wasserbad schmelzen. Diese dann ebenfalls etwas abkühlen lassen und punktuell auf das erstarrte Karamell geben.

Die zarten Karamell-Kekse in einer flachen Dose großzügig aufgereiht lagern.

Rezept von Karina Semmler, Hüttenberg-Vollnkirchen

Zutaten:

125 g Butter
55 g Puderzucker
180 g Mehl

Für das Karamell:
150 g Sahnetoffees oder Weichkaramellen
35 g Butter oder Margarine
1 Päckchen Vollmilchkuvertüre

Kringel

Den Backofen auf 160 Grad Umluft / E-Herd 180 Grad vorheizen.

In einer Rührschüssel Mehl, Ei, Zucker und Butter zu einem glatten Knetteig verarbeiten.

Den Teig auf einen Teller setzen und mit einem Tuch abdecken. Im Kühlschrank **ca. 30 Minuten** kühl stellen.

Ein bis zwei Backbleche mit Backpapier auslegen und bereitstellen.

Die Arbeitsfläche etwas mit Mehl bestäuben. Den Teig aus dem Kühlschrank nehmen, kurz mit den Händen durchkneten und ca. 0,5 Zentimeter dick ausrollen.

Nun die Kringel ausstechen und vorsichtig auf das Backblech setzen.

Zum Bestreuen ein weiteres Ei mit einer Gabel in einer kleinen Schüssel verquirlen. Die Kringel dann mit dem Ei bestreichen und mit Hagelzucker bestreuen. Die Kringel daraufhin **ca. 10 Minuten** im Backofen goldbraun backen.

Tipp: Immer mal einen Blick darauf werfen, damit sie nicht zu dunkel werden.

Rezept von Sabine Weber, Wöllstadt

Zutaten:

300 g Mehl
1 Ei
100 g Zucker
200 g Butter

Zum Bestreuen:
1 Ei
Hagelzucker

Sandplätzchen

Die Butter in einem kleinen Topf schmelzen und wieder erstarren lassen. Das Fett mit dem Zucker und Vanillezucker in eine Rührschüssel geben. Dann mit dem Handmixer oder dem Rührbesen der Küchenmaschine schaumig schlagen. Jetzt die zwei Eier aufschlagen, dazugeben und gut unterrühren.

Die beiden Mehlsorten abwiegen und in einer anderen Schüssel miteinander vermischen. Daraufhin die Mehlmischung nach und nach in die Butter-Zuckermasse einarbeiten. Den fertigen Teig **einige Stunden** kühl stellen (am besten über Nacht).

Den Backofen auf 170 Grad Umluft / E-Herd 190 Grad vorheizen. Dann den Teig portionsweise durch einen Fleischwolf drehen oder mit etwas Kraftaufwand auf einer bemehlten Arbeitsfläche ausrollen.

Die Plätzchen mit Ausstechförmchen ausstanzen und auf ein Backblech mit Backpapier auslegen.

Die Sandplätzchen im heißen Backofen auf mittlerer Schiene **ca. 10–12 Minuten** backen.

Die abgekühlten Plätzchen nach Wunsch mit geschmolzener Kuvertüre teilweise überziehen. Dafür die Kuvertüre grob klein hacken und über einem Wasserbad schmelzen. Dann die Sandplätzchen mit der Überzugsschokolade verzieren.

In einer Dose können die Plätzchen wunderbar gelagert werden.

Rezept von Lisa Waidner, Hattersheim

Zutaten:

420 g Butter
250 g Zucker
1 Päckchen Vanillezucker
2 Eier
270 g Mehl
300 g Kartoffelmehl

Zur Verzierung:

75 g dunkle Kuvertüre

Schnee-Lebkuchen

Zutaten:

2 Eier
1 Prise Salz
100 g Zucker
20 g Kakaopulver
2 TL Lebkuchengewürz

Den Backofen auf 105 Grad Umluft / E-Herd 125 Grad vorheizen.

Die Eier über zwei kleinen Schüsseln trennen. Das Eiweiß mit dem Salz in einer Rührschüssel mit Hilfe des Schneebesens steif schlagen. Den Zucker dabei einstreuen und weiter schlagen, bis sich der Zucker gelöst hat.

Den Kakao und das Lebkuchengewürz mischen und sieben. Die Kakaomischung zum steifen Eiweiß geben und unterheben.

Zwei Backbleche mit Backpapier auslegen. Den Eischnee in einen Spritzbeutel mit mittelgroßer Tülle füllen und auf die Bleche spritzen.

Die Schnee-Lebkuchen **ca. 20–25 Minuten** backen, dann den Backofen auf 80 Grad Umluft / E-Herd 100 °C reduzieren und **ca. 1 Stunde** weiterbacken. Die Backbleche nach der Hälfte der Zeit tauschen, so dass alle Schnee-Lebkuchen die gleiche Bräunung erhalten.

Im ausgeschalteten Ofen **ca. 1,5 Stunden** auskühlen lassen.

Die Schnee-Lebkuchen in einem verschlossenen großen Glas aufbewahren.

Rezept von Andrea Bargon, Weilrod

Schneeflöckchen-Weissröckchen

Für den Plätzchenteig das Mehl, Back-pulver und das Salz in einer Schüssel mischen.

Die weiche Butter und die Crème Fraîche zu den anderen Zutaten zuge-ben. Dann alles mit den Knethaken des Handrührgeräts glatt kneten. Den zarten Teig sanft in Frischhaltefolie wickeln, auf einen flachen Teller setzen und **ca. 1 Stunde** im Kühlschrank kalt-stellen.

Den Backofen auf 155 Grad Umluft / E-Herd 175 Grad vorheizen und zwei Backbleche mit Backpapier auslegen.

Mit einem Esslöffel jeweils 20 Häuf-chen auf ein Backblech setzen und **ca. 20 Minuten** backen. Nach dem Backen die noch warmen Schneeflöckchen-Weißröckchen dick mit Puderzucker einstäuben.

Das feine Gebäck auf einem großen Weihnachtsteller setzen und genießen.

Rezept von Andrea Bargon, Weilrod

Zutaten:

250 g Mehl
1 Messerspitze Backpulver
1 Prise Salz
250 g weiche Butter
200 g Crème Fraîche

Zum Bestreuen:

150 g Puderzucker

Spekulatius-Konfekt

Die Spekulatius-Kekse in einen Plastikbeutel geben und mit dem Rollholz zerkleinern.

In einem kleinen Topf auf mittlerer Hitze die Butter erwärmen. Jetzt den Puderzucker mit einem Schneebesen unterrühren und schaumig schlagen. Letztendlich den Amaretto dazu geben und verrühren. Den Topf beiseitestellen.

Die Vollmilchkuvertüre auf einem Holzbrett mit einem scharfen Küchenmesser klein hacken. Diese dann in einem Wasserbad schmelzen. Danach die flüssige Schokolade zur schaumigen Butter geben und einrühren. Zum Schluss den zerkleinerten Spekulatius dazugeben und unterheben.

In mehrere kleine Schüsseln einmal die Kokosflocken, dann das Kakaopulver und gehackte Mandeln hinzugeben. Mit den Händen aus der fertigen Masse 2,5 Zentimeter große Kugeln formen. Die Konfektmasse in den Kokosflocken, dem Kakaopulver oder den Mandeln wälzen und in die Pralinen-Förmchen setzen.

Am besten das Spekulatius-Konfekt luftdicht in einer Weihnachtsdose aufbewahren.

Rezept von Gerda Zarges, Vöhl-Schmittloheim

Zutaten:

250 g Spekulatius-Kekse
100 g Butter
140 g Puderzucker
2 cl Amaretto
Kokosflocken
Kakaopulver
Gehackte Mandeln

200 g Vollmilch-kuvertüre
Pralinen-Förmchen

Spekulatius-Pralinen

Den Spekulatius in einen Gefrierbeutel füllen und mit einem Nudelholz fein zerklopfen. Die Keksbrösel, Butter und Eierlikör in eine Schüssel geben und am besten mit der Hand eine geschmeidige Masse herstellen.

Den Teig in mehrere Stücke teilen und im Kühlschrank kalt stellen.

Anschließend mit den Händen oder einem Kugel-Ausstecher kleine Kugeln formen. Die Kugeln nun erneut kalt stellen. In dieser Zeit die Schoko-Glasur im Wasserbad schmelzen. Die geschmolzene Schokolade nicht heiß werden lassen, sonst werden die Pralinen wieder zu weich oder die Schokolade läuft herunter.

Ein Backblech mit Backpapier auslegen und griffbereit halten.

Die gekühlten Kugeln mit Hilfe von zwei Gabeln in die lauwarme Schoko-Glasur tauchen und auf die Backbleche setzen. Die Schokolade auf den Pralinen etwas antrocknen lassen und dann mit weißer Kuvertüre feine Streifen darüber spritzen.

Die Spekulatius-Pralinen bei Zimmertemperatur antrocknen lassen und anschließend verschlossen kühl aufbewahren.

Tipp: Hierfür eignen sich besonders gut Silikonformen für Pralinen. Wer diese verwenden möchte, pinselt die Förmchenwände dick mit flüssiger Schokolade ein und stellt sie wieder zum Kühlen in den Kühlschrank.

Nachdem die Schokolade erstarrt ist, die Füllung hineingeben, glatt streichen und mit der flüssigen Schokolade verschließen. Erneut kalt stellen.

Rezept von Andreas Klingenhöfer, Rockenberg

Zutaten für ca. 50 Pralinen:

200 g Gewürz-Spekulatius
200 g weiche Butter
160 ml Eierlikör

600 g dunkle Schokolade oder Kuvertüre

200 g weiße Schokolade oder Kuvertüre

Sterntaler

Zutaten:

125 g Zucker
300 g Butter
400 g Mehl
200 g gemahlene
Mandeln

Zum Bestreuen:
3 Päckchen
Vanillezucker

In einer Rührschüssel den Zucker mit der Butter schaumig rühren.

Das Mehl sieben und abwechselnd mit den gemahlenen Mandeln zur Zucker-Buttermasse geben. Alles gut miteinander verkneten. Den Teig abgedeckt für **1–2 Stunden** kühlen.

Ein Backblech mit Backpapier auslegen und beiseitestellen.

Den Backofen auf 175 Grad Umluft / E-Herd 195 Grad vorheizen.

Die Arbeitsfläche mit etwas Mehl bestreuen und den Teig mit einem Nudelholz ausrollen. Aus dem Teig kleine Sterne ausstechen, auf das Backblech setzen und mit Vanillezucker bestreuen. Die Sterntaler **ca. 10–12 Minuten** backen.

Rezept von Inge Böcher, Selters

Zimt-Zucker-Cookies

In einer kleinen Schüssel 30 g Zucker und 1 EL Zimt mischen und beiseitestellen.

In einer Rührschüssel die Butter mit dem Zucker cremig schlagen und Vanille-Extrakt oder das Päckchen Vanillezucker hinzugeben. Das Ei unterrühren. Das Mehl mit dem Lebkuchengewürz, dem Backpulver und der Prise Salz mischen und sieben.

Die Mehlmischung in zwei Portionen in die Rührschüssel mit einrühren.

Tipp: Der Teig sollte weich und geschmeidig sein, wenn er klebt, noch etwas Mehl hinzugeben.

Den Teig mit einem Küchentuch abdecken und **mindestens 30 Minuten** kalt stellen.

Den Backofen auf 160°C Umluft / E-Herd 180 Grad vorheizen. Zwei Backbleche mit Backpapier auslegen und bereitstellen.

Mit einem Esslöffel kleine Portionen vom Teig abstechen und in den Hän-

den jeweils ca. 2,5 Zentimeter große Kugeln formen. Jetzt die Kugeln in der Zimt-Zucker-Mischung wälzen.

Die Bällchen auf dem Backblech so verteilen, dass ca. 5 Zentimeter Abstand dazwischen ist. Bällchen vorsichtig mit Hilfe eines Esslöffels etwas platt drücken und für **10–14 Minuten** im Backofen backen bis die Ränder leicht braun werden. Dann haben die Kekse außen eine schöne Kruste und sind innen noch weich.

Die Zimt-Zucker-Cookies auf einem Kuchenrost abkühlen lassen und in einer Weihnachtsdose luftdicht aufbewahren.

Tipp: Wenn man noch etwas von der Zucker-Zimt-Mischung über hat, kann man diese auch noch vor dem Backen auf den platt gedrückten Cookies verteilen.

Rezept von Julia Balser, Reiskirchen

Zutaten:

100 g weiche Butter
75 g Zucker
1 TL Vanille-Extrakt
oder 1 Päckchen
Vanillezucker
1 Ei

175 g Mehl
nach Geschmack evtl.
1/2 TL Lebkuchengewürz
1 1/2 TL Backpulver
1 Prise Salz

Außerdem:
30 g Zucker
1 EL Zimt

Zimttaler

Zutaten:

200 g Butter
75 g Puderzucker
1 Ei
300 g Mehl
1 gestr. TL Backpulver
1 gestr. TL Zimt
100 g gemahlene
Haselnüsse

Zum Bestreuen:
40 g Butter
1 EL Zimt
60 g Zucker

Für die Füllung:
100 g Himbeergelee

Den Backofen auf 160 Grad Umluft / E-Herd 180 Grad vorheizen.

Den Puderzucker sieben und mit der Butter mit dem Rührgerät schaumig schlagen. Jetzt das Ei dazugeben und weiterrühren. Die trockenen Zutaten miteinander vermischen und dann zur Zucker-Buttermasse mit einkneten.

Den Knetteig auf einer bemehlten Arbeitsplatte dünn ausrollen und Plätzchen ausstechen. Auf einem mit Backpapier ausgelegten Backblech die Zimttaler **ca. 10 Minuten** backen.

Das Zimt und den Zucker in einer Schüssel miteinander vermischen und bereitstellen. Die Butter in einem kleinen Topf erwärmen. Mit einem Backpinsel die obere Seite der Plätzchen damit bestreichen und sofort mit dem Zimt-Zuckergemisch bestreuen.

Etwas Himbeergelee auf den Boden der Plätzchen geben und jeweils zwei Zimttaler zusammensetzen.

Die Zimttaler lassen sich wunderbar frisch in einer Keksdose aufbewahren.

Rezept von Kerstin Wolf, Merenberg

Fruchtiges

LINZER TORTE
(REZEPT SEITE 53)

Bratäpfel

Den Backofen auf 180 Grad Umluft / E-Herd 200 Grad vorheizen.

Die beiden Äpfel abwaschen und trocken tupfen. Mit einem Messer den Äpfeln einen Deckel abschneiden. Mit einem Kugelausstecher das Kerngehäuse großzügig entfernen. Das Marzipan klein raspeln und beiseitestellen.

Aus der Vanilleschote das Vanillemark herauslösen und in eine Schüssel geben. Das Trockenobst und die Erdnüsse auf einem Holzbrett kleinhacken und mit den Mandeln zum Vanillemark schütten. Alles miteinander vermischen und dabei den Zucker mit einrieseln lassen.

Den Zimt mit der Crème Fraîche verrühren und ebenfalls in die anderen Zutaten einarbeiten. Zum Schluss noch den Likör mit dem Marzipan mit Hilfe einer Gabel einrühren.

Die Masse mit einem Löffel in die Äpfel füllen und die Deckel aufsetzen. Danach die Äpfel in einer kleinen gefetteten Auflaufform platzieren und diese mit etwas Butter bestreichen.

Im Backofen auf mittlerer Schiene **ca. 20–25 Minuten** backen.

Die noch heißen Bratäpfel mit Vanilleeis auf kleinen Tellern anrichten.

Tipp: Die Deckel können mit zwei Zahnstochern fixiert werden.

Zutaten:

2 Äpfel (z. B. Boskop)
50 g Marzipan
Mark einer Vanilleschote
50 g gemischtes
Trockenobst (Kirschen,
Cranberrys, Pflaumen)
20 g ungesalzene
Erdnüsse
40 g gehackte Mandeln
1 EL Zucker
1 Prise Zimt
40 g Crème Fraîche
2 EL Bratapfellikör
20 g weiche Butter

Zum Dekorieren:
Vanilleeis

Buchteln mit Pflaumenmus

In eine große Rührschüssel das Mehl, Zucker, Salz, Ei, Vanillezucker und Butter hineingeben.

Die Milch in einem kleinen Topf leicht erwärmen. Die Hefe mit den Fingern leicht zerbröseln und konstant rührend in der Milch auflösen. Die Hefemilch zu den trockenen Zutaten geben und mit Hilfe des elektrischen Rührgeräts **ca. 7–8 Minuten** lang sehr gut verkneten.

Den weichen Hefeteig abgedeckt **ca. 45 Minuten** an einem warmen Ort gehen lassen. Den Teig auf einer bemehlten Arbeitsplatte 1 Zentimeter dick ausrollen und ca. 7 Zentimeter große Kreise oder Quadrate ausstechen. Auf jedes Teigstück einen Teelöffel Pflaumenmus geben und vorsichtig zu einem Säckchen schließen.

Eine Auflaufform oder Backform leicht fetten und die ca. 20 Bällchen darin betten. Die Verschlussseite der Bäll-chen am besten auf den Boden der Form setzen, sodass die Oberfläche schön glatt aussieht.

Den Hefeteig in der gefüllten Form abgedeckt nochmals **30 Minuten** an einem warmen Ort gehen lassen.

Den Backofen auf 180 Umluft / E-Herd 200 Grad vorheizen.

Die Butter in der Mikrowelle oder in einem kleinen Topf verflüssigen. Den aufgegangen Hefeteig mit der zerlassenen Butter bepinseln und **ca. 20 Minuten** goldbraun backen. Nach dem Backvorgang die Buchteln mit Pflaumenmus etwas abkühlen lassen und mit Puderzucker dick bestäuben.

Tipp: Lauwarm und auch mit Vanille-Soße schmecken die Buchteln mit Pflaumenmus am besten!

Zutaten:

530 g Mehl
60 g Zucker
1 Prise Salz
1 Ei
1 Päckchen Vanillezucker
75 g Butter
250 g lauwarme Milch
1 Würfel Hefe
150 g Pflaumenmus
30 g zerlassene Butter

Zum Bestäuben:
Puderzucker

Cranberry-Marzipan-Kipferl

Den Backofen auf 180 Grad Umluft / E-Herd 200 Grad vorheizen.

Den Puderzucker über einer großen Rührschüssel fein sieben und beiseitestellen. Die abgewogenen Cranberrys, Mandeln und Pistazien auf einem Brett klein hacken. Das Marzipan in sechs große Stücke schneiden und alles zu dem Puderzucker geben.

Zwei kleine Schälchen bereitstellen und das Ei vorsichtig trennen. Das Eigelb nehmen und den anderen Zutaten in der Rührschüssel beifügen. Alle Zutaten mit einem elektrischen Rührer oder mit den Händen verkneten.

Nun den Teig erst in 2 Zentimeter dicke Rollen formen. Danach 4–5 Zentimeter große Stücke abschneiden und diese in schöne Kipferl modellieren. Die Cranberry-Marzipan-Kipferl auf ein mit Backpapier belegtes Backblech legen und mit Eiweiß bestreichen.

Im vorgeheizten Backofen **5–10 Minuten** backen bis die Kipferl eine zarte Bräune erreichen.

Auf einem Kuchengitter abkühlen lassen. Das Gebäck in einer Dose luftdicht verschließen und trocken lagern.

Rezept von Brigitte Handwerk, Kronberg im Taunus

Zutaten:

50 g Puderzucker
80 g getrocknete gehackte Cranberrys
30 g gehackte Pistazien
30 g gehackte Mandeln
200 g Marzipan-rohmasse
1 Ei

Cranberry-Quark-Stollen

Den Backofen auf 175 Grad Umluft / E-Herd 195 Grad vorheizen.

Die Bio-Zitronen heiß abwaschen, trocken tupfen und die Schale fein abreiben. Die Butter und den Zucker in einer Schüssel cremig rühren. Dann die Eier, das Salz, die Zitronenschale und den Magerquark dazugeben und unterrühren. Danach das Mehl und das Backpulver miteinander vermischen, in die Rührschüssel sieben und unterkneten.

Die Cranberrys auf einem Brett klein hacken. Auf bemehlter Fläche die gehackten Cranberrys, Sultaninen und Mandeln in den Teig einarbeiten. Aus der Teigmasse einen schönen Stollen formen und schräg auf ein mit Backpapier ausgelegtes Backblech legen.

Jetzt wird der Stollen im Backofen **ca. 55–60 Minuten** goldbraun gebacken.

Den fertigen Cranberry-Quark-Stollen aus dem Ofen nehmen und noch heiß mit der Butter bepinseln. Zum Schluss mit Puderzucker dick einstäuben.

Rezept von Ingrid Kleser, Mühlheim

Zutaten:

2 Bio-Zitronen
225 g Butter
225 g Zucker
3 Eier
1/2 TL Salz
300 g Magerquark
750 g Mehl
200 g getrocknete Cranberrys
1 1/2 Päckchen Backpulver
250 g Sultaninen
150 g gehackte Mandeln

Zum Bestreichen:
100 g weiche Butter
100 g Puderzucker

Linzer Torte

2 Eier hart kochen. Die Eier mit kaltem Wasser abschrecken, pellen und das Eigelb vorsichtig herauslösen. Das Eigelb in einer kleinen Schale mit der Gabel zerdrücken und beiseitestellen. Die Zitrone heiß abwaschen, trocken tupfen und die Zitronenschale abreiben. In einer Rührschüssel Butter, Zucker und das Salz schaumig schlagen. Nach und nach die beiden Eier mit einrühren.

Das Mehl mit den Mandeln, Zimt und Nelkenpulver mischen und zu der Zucker-Buttermasse geben. Alles gut miteinander verkneten.

Jetzt den Teig in Frischhaltefolie wickeln und **ca. 1 Stunde** kalt stellen.

Den Backofen auf 140 Grad Umluft / E-Herd 160 Grad vorheizen.

Eine Springform fetten und mit etwas Mehl bestäuben. Ca. 3/4 des Teiges in die Form geben und einen kleinen Rand auslegen. Dann großzügig die Marmelade darauf verteilen und glätten.

Auf einer bemehlten Arbeitsfläche den restlichen Teig mit einem Nudelholz ausrollen und Sterne ausstanzen. Die Sterne willkürlich auf der Marmelade platzieren. Den Rand und die Sterne mit Eigelb bestreichen und **ca. 45 Minuten** goldbraun backen. Vor dem Verzehr **24 Stunden** durchziehen lassen.

Tipp: Die klassische Linzer Torte wird anstatt der Sterne mit einem Gitter geschmückt. Dafür Streifen schneiden und diese quer übereinander legen.

Zutaten:

4 Eier
1 Zitrone
200 g Butter
125 g Zucker
1 Prise Salz
300 g Mehl
150 g gemahlene Mandeln
1/2 TL Zimt
1 Prise Nelkenpulver

Für den Belag:

300 g Himbeer-Marmelade
1 Ei

Orangen-Stangen

Den Backofen auf 160 Grad Umluft / E-Herd 180 Grad vorheizen.

Die Erdnüsse auf einem Holzbrett mit einem großen Küchenmesser grob klein hacken, danach beiseitestellen. Die Orangen unter heißem Wasser waschen, trocken tupfen und mit einer Raspel die Orangenschale abreiben.

Die Butter, Zuckerrübensirup, Zucker, Orangenschale mit Erdnüssen und Kokosraspeln rührend auf mittlerer Temperatur in einem kleinen Topf erhitzen. Dann das Mehl einrühren.

Ein kleines Backblech (26 x 22 cm) mit höherem Rand mit Backpapier auslegen. Die Masse auf das Backpapier mit einem Spatel verstreichen.

Den Orangen-Erdnuss-Teig ungefähr **15 Minuten** backen.

Das Blech nun aus dem Ofen nehmen, ablegen und **ca. 5 Minuten** abkühlen lassen. Den gebackenen Teig mit einem Pizzaschneider noch warm in Streifen schneiden und dann komplett auskühlen lassen. Die Kuvertüre in mehrere Stücke brechen und in einem Wasserbad unter stetigem Rühren schmelzen lassen.

Jetzt die geschnittenen Stangen rechts und links an den Enden in die geschmolzene Zartbitter-Kuvertüre eintauchen. Die fertigen Orangen-Stangen auf einem Gitterrost trocknen lassen.

Tipp: Für einen kleinen Farbklecks, die Kuvertüre vor dem Trocknen mit bunten Zuckerstreuseln bestreuen.

Rezept von Andrea Kaiser, Solms-Albshausen

Zutaten:

100 g Butter
100 g Zuckerrübensirup
100 g feiner brauner Zucker
2 EL abgeriebene Bio-Orangenschale
200 g geröstete Erdnüsse
100 g Kokosraspel
100 g Mehl

80 g Zartbitter-Kuvertüre

Orangenknusper

Den Blätterteig aus der Verpackung nehmen und auf einem Blech auftauen lassen.

Dann den Orangensaft abmessen und in einen kleinen Kochtopf schütten. Jetzt den braunen Zucker, die Zimtstange und den Anisstern dazugeben und unter Rühren aufkochen lassen. Den Sud dann weitere **5 Minuten** einköcheln.

Währenddessen die beiden Orangen sehr gründlich schälen. **Wichtig:** Hierbei soll keine weiße Haut mehr sichtbar sein. Danach die Orangen in Scheiben schneiden und zum Sud geben. Jetzt das Ganze weitere **2–3 Minuten** köcheln lassen. Zum Schluss den Topf vom Herd nehmen und zum Abkühlen beiseitestellen.

Für die Zimtstreusel Mehl, Zucker, Butter und Zimt in eine Schüssel geben. Mit den Händen alles tüchtig verkneten und zu Streuseln verarbeiten.

Den Backofen auf 205 Grad Umluft / E-Herd 225 Grad vorheizen und ein Backblech mit Backpapier auslegen.

Jetzt die Blätterteig-Quadrate auf ein Backblech legen und die Seiten etwas aufrollen, sodass ein kleiner Rand entsteht.

Als zweiten Schritt die Orangenscheiben auf die Quadrate verteilen und mit je 2–3 TL Sud beträufeln.

Letztendlich alles reichlich mit Zimtstreusel bedecken und **ca. 10 Minuten** goldbraun backen.

Zutaten:

4 quadratische Scheiben TK-Blätterteig à 45 g
1/8 l Orangensaft
3 EL brauner Zucker
1 Zimtstange
1 Anisstern
2 Orangen

100 g Mehl
40 g Zucker
70 g weiche Butter
1/2 TL Zimt

Terrassen-Plätzchen

Zutaten:

4 Eier
1 Zitrone
250 g Butter
130 g Zucker
400 g Mehl

Für die Füllung:
Marmelade nach Wahl

Zum Bestäuben:
Puderzucker

Den Backofen auf 160 Grad Umluft / E-Herd 180 Grad vorheizen. Ein Backblech mit Backpapier auslegen und bereithalten.

Die 4 Eier trennen und das Eigelb in eine Rührschüssel geben. Die Zitrone heiß abwaschen, trocken tupfen und die Schale abreiben. Dann die Zitrone halbieren, den Saft kräftig auspressen und auffangen.

Die Butter und den Zucker zum Eigelb geben. Alles mit einem elektrischen Rührgerät ordentlich vermischen. Die Zitronenschale und den Saft ebenfalls mit unterrühren. Anschließend das Mehl mit einarbeiten.

Den Teig aus einer bemehlten Arbeitsfläche ausrollen. Die Plätzchen ausstechen, auf das vorbereitete Backblech legen und **ca. 10 Minuten** backen.

Das Gebäck abkühlen lassen und die Hälfte mit Marmelade bestreichen. Eine zweite Hälfte darauf platzieren. Zum Schluss die Terrassen-Plätzchen mit etwas Puderzucker bestäuben und in einer verschlossenen Dose aufbewahren.

Tipp: Die Terrassen-Plätzchen können auch drei- oder vierfach gestapelt werden um die charakteristische Form zu bekommen.

Zitronensterne

Den Backofen auf 170 Grad Umluft / E-Herd 190 Grad vorheizen und zwei Backbleche mit Backpapier auslegen.

Die Zitrone heiß abwaschen, abtupfen und die Schale abreiben. Die Zitrone dann halbieren und 1 EL Zitronensaft herausdrücken.

Für den Teig den Zucker, Vanillezucker, Salz mit der Butter in eine hohe Rührschüssel geben und mit Quirl oder Knethaken schaumig schlagen. Das Ei mit einrühren. Das Mehl mit dem Backpulver mischen und zu der Zucker-Buttermasse geben. Zum Schluss die Zitronenschale und den Saft dem Teig hinzufügen und geschmeidig rühren.

Danach den Teig auf einer bemehlten Arbeitsplatte ca. 0,5 Zentimeter dick ausrollen. Mit einem Plätzchenausstecher in Sternform, viele Sterne ausstechen und auf die Backbleche legen. Die Bleche mit den Plätzchen nacheinander **ca. 15–25 Minuten** backen.

Während der Backzeit, den Guss vorbereiten. Die andere Hälfte der Zitrone kräftig ausdrücken und den Saft in einer Schüssel auffangen. Den Puderzucker mit den 2–3 EL Zitronensaft streichfähig verrühren und die noch heißen Sterne damit bestreichen.

Die Zitronensterne sehen auf einem Plätzchenteller wunderschön aus und halten sich lange frisch.

Rezept von Inge Pracht, Oberursel

Zutaten für den Teig:

1 EL Zitronensaft
abgeriebene Zitronenschale
100 g Zucker
1 Päckchen Vanillezucker
125 g Butter oder Margarine
1 Prise Salz
1 Ei
250 g Mehl
1 gestr. TL Backpulver

Zutaten für den Guss:

200 g Puderzucker
2–3 EL Zitronensaft

Cremiges

Lebkuchendessert

In einer Schüssel die Mascarpone und den Quark mit einer Gabel vermischen. Auf einem Brettchen mit einem scharfen kleinen Messer das Mark der Vanilleschote herauskratzen und zur Quark-Masse geben.

Dann das Stevia-Pulver, den Zimt und das Spekulatiusgewürz mit einem elektrischen Rührer unterrühren. Zum Schluss 1 EL Amaretto kräftig mit einschlagen.

Drei Lebkuchen in ca. 1 x 1 Zentimeter große Stücke schneiden, zur Creme geben und unterheben. Mit Hilfe eines Esslöffels das Dessert in sechs keine Gläschen aufteilen und mit zerpflückten Lebkuchen-Stückchen dekorieren.

Das Lebkuchendessert kühl servieren.

Tipp: Anstatt Stevia-Pulver einfach 100 g Zucker verwenden.

**Zutaten für
ca. 6 kleine Gläschen:**

500 g Mascarpone light
250 g Magerquark
1 Vanilleschote
40 g Stevia-Pulver
1 TL Zimt
1/2 TL Spekulatiusgewürz
1 EL Amaretto
4–5 Lebkuchen

Spekulatius-Kokos-Creme

Die 2 Eier trennen. In einem Topf die Kokosmilch, das Eigelb, den Vanille-Zucker, das Spekulatius-Gewürz und die Speisestärke mit einem Schneebesen gründlich verrühren.

Jetzt das Ganze kurz aufkochen lassen und beständig weiterrühren, damit nichts am Boden anhaften kann. Die Creme sollte sich jetzt binden und fester werden.

Eine größere Schale mit kaltem Wasser füllen. Den Topf mit der Creme hineinstellen und im Wasserbad abkühlen lassen. Ab und zu umrühren.

Die Spekulatius-Kokos-Creme dann in den Kühlschrank stellen. Derweil die Sahne mit einem Schneebesen steif schlagen, der kühl gelagerten Creme geben hinzugeben und unterrühren.

Die Spekulatius-Kekse in einen Beutel geben und mit einem Nudelholz zerkleinern. Mit festen Rollbewegungen bekommt man sie wunderbar zersplittert.

In 4 Gläsern zuerst den Boden mit den zerkleinerten Keksen bedecken, dann die fertige Creme darüber geben. Als Topping nochmal Spekulatius-Krümel und Kokosraspel streuen.

Zutaten für 4 Gläser:

2 Eier
250 ml Kokosmilch
40 g Bourbon-Vanillezucker
1/2 TL Spekulatius-Gewürz
20 g Speisestärke
200 g frische Schlagsahne
150 g Spekulatius-Kekse

Zum Bestreuen:
Kokosraspel

Tiramisu im Glas

Den Espresso, 1 EL Zucker und den Amaretto in einer flachen Schale mischen.

Die Löffelbiskuits grob klein brechen und anschließend zerkrümeln. Jetzt die Kekskrümel mit der Flüssigkeit vermischen. Die Eier voneinander trennen und das Eiweiß beiseitestellen. Das Eigelb mit Zucker und Vanillezucker schaumig rühren, nach und nach den Mascarpone mit einrühren. Das Eiweiß steif schlagen und mit einem Teigschaber unter die Mascarpone-Creme heben.

Jetzt die Hälfte der Löffelbiskuit-Masse in sechs Gläser aufteilen und etwas Mascarpone-Creme obendrauf geben. Danach weiter abwechselnd schichten. Mit der Creme enden und etwas mit Kakaopulver bestäuben.

Das Tiramisu mindestens **6 Stunden** ziehen lassen und kalt stellen.

Tipp: Zum Schluss können die Gläser mit etwas Minze dekoriert werden.

**Zutaten für
6 kleine Gläser:**

175 ml Espresso
1 EL Zucker
2 EL Amaretto
200 g Löffelbiskuits
3 Eier
60 g Zucker
1 Päckchen
Vanillezucker
250 g Mascarpone

Zum Garnieren:
Kakaopulver

TIRAMISU-BROWNIES
(REZEPT SEITE 87)

Kuchiges

Amaretto-Nougat-Stollen

Den Backofen auf 180 Grad Umluft / E-Herd 200 Grad vorheizen. Ein Backblech mit Backpapier auslegen und beiseitestellen.

Die Amarettini in einer Schüssel mit Likör beträufeln. Das Mehl mit Mandeln, Kaffeepulver, Eiern, Zucker, Vanillezucker, Magerquark, Salz, Backpulver und 175 g Butter in kleinen Stückchen zu einem glatten Teig verkneten. Das Nuss-Nougat in kleine Stücke schneiden. Auf einer bemehlten Arbeitsfläche den Teig zu einem Quadrat (ca. 40 x 40 cm) ausrollen. Die Amarettini und Nuss-Nougat-Stückchen darauf verteilen, leicht eindrücken und den Teig zu einem Stollen formen.

Vorsichtig den Stollen auf das vorbereitete Backblech legen und im vorgeheizten Backofen **40–45 Minuten backen**.

In der Zwischenzeit die Mandelblättchen in einer Pfanne ohne Fett goldbraun rösten und die restlichen 25 g Butter in einem Topf schmelzen. Beides von den Herdplatten nehmen und bereitstellen.

Den fertigen und noch heißen Stollen herausnehmen und mit der Butter bestreichen.

Die Mandelblättchen darüber streuen. Den Amaretto-Nougat-Stollen komplett auskühlen lassen und mit Puderzucker bestäuben.

Rezept von Renate Weitzel, Stadtallendorf

Zutaten:

75 g Amarettini
2 EL Mandellikör
500 g Mehl
100 g gehackte Mandeln
1 TL löslicher Kaffeepulver
2 Eier
125 g Zucker
1 Päckchen Vanillezucker
250 g Magerquark
1 Prise Salz
1 Päckchen Backpulver
200 g Butter
200 g schnittfestes Nuss-Nougat
30 g Mandelblättchen

Puderzucker zum Bestäuben

Apfel und Marzipan-Zimtbrot

Mehl, 50 g Zucker, Vanillezucker, Hefe und 1/2 TL Salz in einer Schüssel mischen. Die Milch in einem Topf erwärmen, dann mit den Eiern und 50 g Butter zu der Mehlmischung geben. Alles gut **5 Minuten** lang mit dem Knethaken verrühren.

Den Hefeteig **ca. 30 Minuten** an einem warmen Ort zugedeckt gehen lassen.

In der Zwischenzeit eine Kastenform fetten und mit Mehl bestäuben. Den aufgegangenen Hefeteig auf einer bemehlten Arbeitsfläche ca. 1 Zentimeter dick zu einem Rechteck ausrollen. In einer kleinen Schale 100 g Zucker mit dem Zimt mischen.

100 g Butter in einem Topf erhitzen und mit einem Backpinsel flüssig auf den Teig streichen. Jetzt den Hefeteig großzügig mit der Zimt-Zucker Mischung bestreuen.

Das Marzipan auf einem Holzbrett raspeln und auf den Teig verteilen. Gleich auch den Apfel waschen, schälen, entkernen und in dünne Scheiben schneiden. Bereit halten.

Den Teig in ca. 8 x 8 Zentimeter große Quadrate schneiden. Am besten mit einem Pizzaschneider, damit das Marzipan nicht verrutscht.

Jetzt die Quadrate aufeinander, abwechselnd mit einer Apfelscheibe stapeln: Ein Quadrat, eine Apfelscheibe, ein Quadrat usw. Am besten immer 4–5 Quadrate stapeln und dann in die Form schichten. Den Teig nochmals in der Form zugedeckt **30 Minuten** gehen lassen.

In der Zwischenzeit den Backofen auf 155 Grad Umluft / E-Herd 175 Grad vorheizen.

Das Hefe-Zupfbrot danach auf der mittleren Schiene **ca. 30–40 Minuten** backen. Nach dem Backen das Gebäck unbedingt auskühlen lassen und dann erst stürzen.

Tipp: Nach **ca. 15 Minuten** das Apfel-Marzipan-Zimtbrot mit Alufolie abdecken, da sonst das Zupfbrot verbrennen könnte.

Zutaten:

500 g Mehl
150 g Zucker
1 Päckchen Vanillezucker
1 Päckchen Trockenhefe
1/2 TL Salz
150 ml Milch
2 Eier
150 g Butter
2 TL Zimt
100 g Marzipan
1 Apfel

Gewürzkuchen mit Punschglasur

Den Backofen auf 180 Grad Umluft / E-Herd 200 Grad vorheizen.

Die Schokolade auf einem Brett mit einem scharfen Messer klein hacken und beiseitestellen.

Die Butter, den Zucker und Vanillezucker in einer Schüssel schaumig schlagen. Nach und nach die Eier einzeln dazugeben. Jetzt den Honig mit unterrühren.

Die trockenen Zutaten wie das Lebkuchen- und Nelkengewürz, die Mandeln, das Mehl und das Backpulver in einer separaten Schüssel vermengen und abwechselnd mit der Milch zu der Butter-Zuckermasse geben. Danach die gehackte Schokolade mit unterheben. Zum Schluss den Teig mit Rum und dem Orangenaroma verrühren.

Den fertigen Rührteig auf das mit Backpapier ausgelegte Backblech geben und für **20 Minuten** backen.

Für die Glasur den Puderzucker sieben. Rum und Wasser zum Puderzucker geben und mit einem kleinen Schneebesen cremig schlagen. Falls die Glasur zu zähflüssig ist, noch etwas Rum oder Wasser hinzugeben, bis die gewünschte Konsistenz vorhanden ist.

Den Gewürzkuchen nach dem Abkühlen mit der Glasur bestreichen.

Tipp: Die Hälfte der Zutaten reicht für eine Springform (Ø 26 cm).

Rezept von Roswitha Wessels, Rhede

Zutaten:

150 g Butter
250 g Zucker
1 Päckchen Vanillezucker
4 Eier
2 EL Honig
3 TL Lebkuchengewürz
1 TL Nelkengewürz
200 g gemahlene Haselnüsse oder Mandeln
350 g Mehl (Typ 405)
1 Päckchen Backpulver
250 ml Milch
1 Schuss Rum oder Rumaroma
1 Fläschchen Orangenaroma
100 g Schokolade (je nach Geschmack)

Für die Glasur:
125 g Puderzucker
2 TL Rum
1 TL Wasser

Lebkuchen-Schmand-Schnitten

Zutaten für den Teig:

250 g Margarine
180 g Zucker
4 Eier
1 Päckchen geriebene
Zitronenschale
1 Päckchen geriebene
Orangenschale
250 g Mehl
75 g Speisestärke
1 TL Backpulver
3 EL Lebkuchengewürz
2 Dosen Aprikosen à
250 g
2 Päckchen Vanille-
pudding
500 ml Milch
600 g Schmand
180 g Zucker
1 Päckchen Mandel-
blättchen

Zum Bestreuen:
Puderzucker

Den Backofen auf 155 Grad Umluft / E-Herd 175 Grad vorheizen.

Die Margarine mit dem Zucker und den Eiern schaumig schlagen. Die Zitronen- und Orangenschale mit unterrühren.

Die trockenen Zutaten wie Mehl, Speisestärke, Backpulver und Lebkuchengewürz miteinander vermischen und der Butter-Zuckermischung zugeben. Alles gut miteinander verrühren.

Ein hohes Backblech mit Backpapier auslegen. Den Teig mit einem Teigschaber auf das Blech geben und glatt streichen. Beiseitestellen. Die Dosen Aprikosen abtropfen lassen und gleichmäßig auf dem Teig verteilen.

Aus 2 Päckchen Vanillepudding und dem halben Liter Milch einen Pudding kochen. 600 g Schmand in den Pudding unterrühren und anschließend 180 g Zucker hinzugeben. Alles mit dem Handrührer **ca. 3 Minuten** verrühren und auf dem Obst gleichmäßig verteilen.

Zum Schluss die Mandelblättchen gleichmäßig auf der Oberfläche verteilen und **ca. 40 Minuten** auf mittlerer Schiene backen.

Anschließend den Kuchen abkühlen lassen. Danach gleichmäßig mit Puderzucker bestreuen.

Rezept von Emmi Kühnel, Dietzhölztal

Quark-Stollen-Muffins

Die Walnüsse auf einem Holzbrett grob klein hacken. Danach ebenfalls das Orangeat, die Vollmilch-Schokolade und die Belegkirschen mit einem scharfen Messer zerkleinern. Alles beiseitestellen.

Den Backofen auf 150 Grad Umluft / E-Herd 170 Grad vorheizen.

In einer Rührschüssel die beiden Eier, 1 Prise Salz, Zucker, Vanillezucker kräftig verrühren. Die Butter in Stücke schneiden und zur Zuckermasse geben.

Den Quark in einer separaten Schale mit Zimt und Kardamom vermischen. Die Quarkmischung ebenfalls zu den vorigen Zutaten zugeben und verrühren.

Das Mehl und das Backpulver jetzt löffelweise zufügen und mit den Knethaken des Handrührgeräts zu einem glatten Teig kneten. Dann die Rosinen, Walnüsse, Orangeat, Schokolade und Kirschen gut einarbeiten.

Die 12 Mulden eines Muffinblechs mit je 2–3 Papiermanschetten auslegen. Den fertigen Teig mit einem Esslöffel gleichmäßig in die Förmchen verteilen und **ca. 30 Minuten** backen. Mit einem Holzstäbchen gerne testen, ob der Teig durchgebacken ist. Hängt noch Teig an dem Stäbchen, weitere **5–10 Minuten** backen. Test wiederholen.

Das Backblech aus dem Ofen nehmen und auf einem Gitter auskühlen lassen. Die Quark-Stollen-Muffins vorsichtig aus der Mulde heben und nach Belieben mit Puderzucker bestäuben und mit Belegkirschen verziert servieren.

Tipp: Die Muffins werden noch saftiger, wenn die Rosinen in 2 EL Rum einweichen. Mit etwas Orangensaft oder Früchtetee geht es auch, wenn Kinder mitessen.

Rezept von Brigitte Herd, Altenstadt

Zutaten für ca. 12 Stück:

75 g Walnüsse
50 g Orangeat
100 g Vollmilch-Schokolade
50 g rote Belegkirschen
2 Eier
1 Prise Salz
75 g Zucker
1 Päckchen Vanillezucker
100 g Butter
125 g Magerquark
1/4 TL Zimt
1 Messerspitze Kardamom
200 g Mehl
1/2 Päckchen Backpulver
50 g Rosinen

Evtl. Puderzucker und Belegkirschen zum Verzieren

Ca. 30 Papiermanschetten

Rotweinkuchen

Den Backofen auf 155 Grad Umluft / E-Herd 175 Grad vorheizen.

In einer Rührschüssel die Eier und die Butter mit dem Zucker schaumig schlagen. Das Mehl mit dem Backpulver und den Schokoraspeln mischen. Jetzt die trockenen Zutaten mit dem Rotwein abwechselnd zur der Butter-Zuckermasse geben.

Achtung: Der Rotwein spritzt leicht, deshalb auf niedrigster Stufe des elektrischen Rührers unterrühren.

Eine Gugelhupf-Form gut einfetten und mit Mehl bestäuben. Den Teig in die Form verteilen und die glatt streichen. Der Rotweinkuchen wird **ca. 60 Minuten** gebacken. Nach der vorgegebenen Backzeit mit einem Holzstäbchen prüfen, ob der Kuchen durchgebacken ist, wenn nicht, nochmals **10 Minuten** backen, bis kein Teig mehr am Stäbchen zu sehen ist.

Den Kuchen in der Form auskühlen lassen und dann auf einen Küchengitter stürzen.

Die Zartbitter-Kuvertüre in Stücke brechen, in einem Wasserbad schmelzen und über den Kuchen gießen.

Tipp: Der Rotweinkuchen kann auch anstatt der Zartbitter-Kuvertüre mit Puderzucker bestäubt werden.

Zutaten:

4 Eier
250 g Butter
250 g Zucker
250 g Mehl
1 Päckchen Backpulver
150 g Zartbitter-Schokoraspeln
1/8 Liter Rotwein

Für den Guss:
200 g Zartbitter-Kuvertüre

Schoko-Kokos-Kuchen

Backofen auf 180 Grad Umluft / E-Herd 200 Grad vorheizen.

In einer Rührschüssel die Eier und den Zucker zu einer hellen schaumigen Masse schlagen.

Die trockenen Zutaten mischen und vorsichtig unter den Teig heben.

Jetzt das Wasser abmessen und die Butter in einem Topf schmelzen. Die geschmolzene Butter mit dem Wasser abwechselnd unter Rühren in die Schüssel dazugeben. Alles zu einem glatten Teig verarbeiten.

Eine kleine Springform mit Backpapier auslegen, den Teig darauf verteilen und glatt streichen.

Die Krokant-Schokolade auf einem Brettchen klein hacken und über den Teig streuen. Den Teig **ca. 25 Minuten** backen.

Mit einem Holzstäbchen den Test machen, ob noch Teig daran haften bleibt. Sonst noch weitere **5 Minuten** backen.

Für die Glasur die Sahne in einem Topf aufkochen, mit dem Espresso mischen und leicht abkühlen lassen.

Die Zartbitter-Schokolade grob haken, darin schmelzen und den abgekühlten Kuchen damit überziehen. Den Rand des Kuchens ebenfalls mit Schokolade bestreichen und die Spekulatius-Kekse rundherum platzieren. Alles mit einem Band fixieren.

Zum Schluss den Schoko-Kokos-Kuchen mit Kokosraspeln bestreuen.

Zutaten:

3 Eier
160 g Zucker
135 g Weizenmehl
1 1/2 TL Backpulver
1 Prise Salz
3 EL ungesüßtes Kakaopulver
100 ml Wasser
150 g flüssige Butter
100 g Vollmilch-Krokant-Schokolade

Für die Glasur:

200 ml Sahne
2 EL Espresso
200 g Zartbitter-Schokolade
100 g Kokosraspel

Zum Dekorieren:

Spekulatius-Kekse

Tiramisu-Brownies

Den Backofen auf 160 Grad Umluft / E-Herd 180 Grad vorheizen.

Die Schokolade grob hacken und mit der Butter in einem Wasserbad schmelzen. Jetzt das Salz hinzufügen und abkühlen lassen.

Mehl, Backpulver, Spekulatius- und Kakaopulver über einer Schüssel sieben. Alles beiseitestellen. Die 3 Eier und den Zucker mit dem Rührer sehr schaumig schlagen. Dann die flüssige Schokoladen-Butter hinzufügen und sanft verrühren.

Danach die Trockenmasse mit unterrühren. Den Teig in eine mit Backpapier ausgelegte große Form (ca. 30 x 30 cm) geben und **ca. 35 Minuten** backen. Das Ganze dann auskühlen lassen.

Für die Creme die Eier trennen. Dann das Eigelb, Zucker und den Vanillezucker kräftig verrühren. Nach und nach die Mascarpone dazugeben und mit einrühren. In einer weiteren Schüssel das Eiweiß sehr steif schlagen und vorsichtig unter die Mascarpone-Creme heben.

Den abgekühlten Teig in ca. 10 große Brownie-Stücke schneiden. Die Creme in eine Spritz-Tülle geben und in Schlangenlinien auf die Brownies spritzen.

Zum Abschluss die Tiramisu-Brownies mit Kakaopulver bestäuben.

Zutaten:

Für die Brownies:
300 g Zartbitterschokolade 70%
260 g Butter
1 Prise Salz
100 g Mehl
1/2 Päckchen Backpulver
1 TL Spekulatius-Pulver
3 EL Kakaopulver
3 Eier
210 g Zucker

Für die Creme:
6 Eier
60 g Zucker
2 Päckchen Vanillezucker
500 g Mascarpone-Creme

Zum Bestäuben:
Kakaopulver

Weihnachtlicher Gewürzkuchen

Den Backofen auf 160 Grad Umluft / E-Herd 180 Grad vorheizen.

Des Weiteren eine Gugelhupf-Backform einfetten und mit etwas Mehl bestäuben.

Den Rohrzucker, die Butter und die Eier in einer Rührschüssel schaumig schlagen. Die trockenen Zutaten alle in einer separaten Schüssel miteinander vermischen und anschließend mit der Mandelmilch abwechselnd in die Zucker-Buttermasse einrühren.

Den geschmeidigen Teig in die vorbereitete Gugelhupf-Form füllen und für **ca. 50–60 Minuten** auf mittlerer Schiene backen. Mit einem Holzstäbchen prüfen, ob Teig an dem Stäbchen haftet. Dann noch **einige Minuten** weiterbacken, bis das Holz sauber bleibt.

Den Kuchen aus dem Backofen nehmen und in der Form auskühlen lassen. Dann den Kuchen auf einen Kuchenständer stürzen und großzügig mit Puderzucker bestreuen.

Tipp: Den abgekühlten Kuchen anstatt des Puderzuckers gern mit einer Schokoladenglasur überziehen.

Rezept von Iris Dietermann-Frank, Mittenaar-Ballersbach

Zutaten:

320 g Rohrzucker
200 g Butter
4 Eier
375 g Dinkelmehl
1 Päckchen Weinstein-Backpulver
2 Esslöffel Kakao
1 Teelöffel Zimt
1 Messerspitze Nelken
1 Messerspitze Muskat
1 Tasse Mandelmilch

Zum Bestreuen:
Puderzucker

Nussiges

GRENOBLER WALNUSSBISSEN
(REZEPT SEITE 95)

Erdnussrauten

Den Backofen auf 160 Grad Umluft / E-Herd 180 Grad vorheizen.

Die weiche Butter, beide Zuckersorten, das Päckchen Vanillezucker und das Salz mit dem Rührgerät schaumig schlagen. Dann das Ei und die 100 g Erdnussbutter dazu geben und vermengen. Abschließend das Mehl und die Haferflocken unterrühren.

Den Teig auf ein mit Backpapier ausgelegtes Backblech (32 x 23 cm) geben und in die Form drücken. Mit einer Gabel mehrmals einstechen und im Backofen für **ca. 15 Minuten** backen.

Nach dem fertigen Backvorgang den Kuchen gut auskühlen lassen.

Währenddessen wird die Schokoladenglasur im Wasserbad geschmolzen. Danach die warme Schokolade in die 50 g Erdnussbutter unterrühren bis alles eine geschmeidige Masse ergibt.

Den Schokoladen-Erdnuss-Guss auf den Kuchen streichen und fest werden lassen. Den Kuchen mit einem scharfen Messer in Rauten schneiden und in einer Dose kühl aufbewahren.

Rezept von Ingeborg Pabst, Eschborn

Zutaten:

100 g weiche Butter
100 g Zucker
100 g brauner Zucker
1 Päckchen Vanillezucker
1/4 TL Salz
1 Ei
100 g Erdnussbutter mit Stückchen
150 g Mehl
50 g blütenzarte Haferflocken

Guss:

150 g Vollmilchschokoladenglasur
50 g Erdnussbutter mit Stückchen

Grenobler Walnussbissen

Den Backofen auf 180 Grad Umluft / E-Herd 200 Grad vorheizen.

Auf einer großen Arbeitsfläche das Mehl zu einem Haufen und mittig eine Mulde bilden. Das Ei, Salz, Bittermandel, Kardamom und den Rum hineingeben. Butter in Flöckchen ziehen und auf den Mehlrand setzen. Den Zucker und die geriebenen Walnüsse darüberstreuen.

Jetzt von außen nach innen mit den Händen die Zutaten zu einem glatten Teig verarbeiten.

Den Teig in eine flache Schüssel platzieren, mit einem Küchentuch abdecken und **30 Minuten** in den Kühlschrank stellen.

Zwischenzeitlich ein Backblech mit Backpapier auslegen und bereitstellen.

Den Teig auf einer bemehlten Arbeitsfläche ca. 0,5 Zentimeter dick ausrollen. Dann die Plätzchen von 3 cm Durchmesser ausstechen und auf das vorbereitete Backblech legen.

Auf der mittleren Schiene des Backofens **ca. 10 Minuten** backen.

Nach dem abgeschlossenen Backvorgang die Plätzchen herausnehmen. Bei der Hälfte die Unterseite mit Orangenmarmelade bestreichen. Jetzt die zweite Hälfte daraufsetzen und komplett erkalten lassen.

Für die Glasur wird das Puderzucker gesiebt und mit Rum in einer Schüssel verrührt. Die Grenobler Walnussbissen dann damit überziehen.

Abschließend in den noch nicht ganz fest gewordenen Guss je eine Walnusshälfte drücken und trocknen lassen.

Tipp: Umso länger sie trocken in einer Dose lagern, desto geschmacksintensiver werden sie.

Rezept von Ruth Thiele, Flörsheim

Zutaten:

400 g Mehl
1 Ei
1 Prise Salz
3 Tropfen Bittermandel
1 Messerspitze Kardamom
1 EL Rum
200 g Butter
200 g Zucker
165 g geriebene Walnüsse
Mehl zum Ausrollen

Für die Füllung:

100 g Orangenmarmelade

Für die Glasur:

400 g Puderzucker
4 Gläser (je 2cl) Rum 80 Vol.-%
250 g Walnusshälften

Knusper-Streifen

Den Backofen auf 160 Grad Umluft / E-Herd 180 Grad vorheizen.

Ein Backblech mit Backpapier auslegen und beiseitestellen.

Die Butter, beide Zuckersorten und die Prise Salz in einer Rührschüssel schaumig rühren. Das Ei trennen und das Eigelb mit zu der Butter-Zuckermischung geben. Das Mehl mit dem Zimt vermischen und mit in die Rührschüssel einrieseln lassen. Alles mit dem Knethaken gut verkneten.

Den Keksteig auf das Backblech geben und mit den Händen bis zu dem Rand andrücken. In einem Topf die Butter und Honig schmelzen, dann die Mandelblättchen mit dem Mehl zugeben und verrühren.

Die Mandelmasse auf den Teig verteilen und **ca. 20 Minuten** backen. Nach dem Backvorgang die noch heißen Knusper-Streifen schneiden und abkühlen lassen.

Tipp: Mit dem Pizzaroller lassen sich wunderbar 14 Streifen schneiden, ohne den Mandelbelag verrutschen zu lassen.

Zutaten:

200 g weiche Butter
80 g brauner Zucker
20 g weißer Zucker
1 Prise Salz
1 Ei
300 g Mehl
0,5 TL Zimt

Für den Belag:

100 g Butter
70 g flüssiger Honig
250 g gehobelte Mandelblättchen
2 EL Mehl

Mandelkonfekt

Zutaten für den Teig:

250 g Mehl
1 Prise Salz
80 g Puderzucker
170 g Butter

Für den Belag:
125 g Kokosfett
80 g Zartbitter-Kuvertüre
100 g Puderzucker,
25 g Kakaopulver
1 Päckchen Vanille-
zucker
1 EL Mandellikör
(Amaretto)
100 g geröstete gehackte
Mandeln

Außerdem:
200 g Zartbitter-
Kuvertüre
100 g weiße Kuvertüre
Goldperlen zum
Verzieren

Den Backofen auf 160 Grad Umluft / E-Herd 180 Grad vorheizen.

Für den Teig das Mehl, Salz, den Puderzucker und die Butter in einer großen Schüssel miteinander verrühren.

Die Schüssel mit einem Tuch abdecken und in den Kühlschrank für **ca. 30 Minuten** kaltstellen.

Zwischenzeitlich zwei Backbleche mit Backpapier auslegen und bereitstellen. Den gekühlten Teig ca. 3 Millimeter dick auf ein Blech ausrollen und mit dem Förmchen Taler ausstechen (Ø 3,5–4 mm). Diese dann auf ein zweites mit Backpapier belegtes Blech setzen.

Die Kekse und die ausgestochene Teigreste blechweise im heißen Ofen **10–12 Minuten** backen. Danach aus dem Ofen nehmen und zum Auskühlen beiseitestellen. Das Kokosfett in einem kleinen Topf schmelzen. Derweil die Zartbitter-Kuvertüre auf einem Brett hacken und zum geschmolzenen Kokosfett hinzufügen. Die beiden Zutaten so lange verrühren, bis sich die Kuvertüre vollkommen verflüssigt hat.

Puderzucker, Kakao und Vanillezucker mischen und in den Kochtopf dazu geben und weiter verrühren.

Den Mandellikör abmessen und unterziehen. Ebenfalls die Mandeln und die Keksbrösel untermischen. Die Masse abkühlen lassen, bis sie eine etwas festere Konsistenz bekommt. Jetzt alles in einen Spritzbeutel mit Lochtülle füllen, auf die Kekse spritzen und eine Stunde kalt stellen.

Nachdem alles fest und ausgekühlt ist, die Kuvertüre getrennt klein hacken. Die Zartbitter-Kuvertüre im Wasserbad schmelzen. Das Konfekt kopfüber in die dunkle Kuvertüre tauchen und fest werden lassen.

Zum Schluss die weiße Kuvertüre im Wasserbad schmelzen und in Streifen über das Konfekt ziehen. Wer mag, kann das Mandelkonfekt zusätzlich mit Goldperlen verzieren.

Rezept von Katharina Zechmeister, Butzbach

Mandelschnitten

Den Backofen auf 155 Grad Umluft / E-Herd 175 Grad vorheizen.

Die Eier mit dem Zucker in einer Schüssel auf höchster Stufe schaumig schlagen. Das Mehl mit Zimt, Nelken-, Muskat-, Ingwer-, Kakao- und Backpulver in einer weiteren Schüssel vermischen. Peu à peu die Mehlmischung zu der Eier-Zuckermischung einrühren.

Das Zitronat und Orangeat in einer Küchenmaschine fein mahlen, mit den Mandeln zu dem Teig geben und kräftig verrühren.

Zwei Backbleche mit Backpapier auslegen. Teile des Teigs nebeneinander auf ein Backblech setzen und mit nassen Händen sechs Teigbrote formen. Die beste Größe der Brote ist: 7–8 Zentimeter breit, 2 Zentimeter hoch.

In einer kleinen Schale werden 2 Eigelb und die Sahne miteinander verrührt. Den Guss mit einem Backpinsel auf die Brote streichen. Die Mandelbrote **ca. 20–30 Minuten** backen. Gern mit einem Holzstäbchen mittig stechen und prüfen, ob der Teig schon durchgebacken ist.

Nach dem Backen voll auskühlen lassen und mit einem scharfen Brotmesser hauchdünne Scheiben schneiden.

Die Mandelschnitten in einer Weihnachtsdose verschlossen aufbewahren.

Die Mandelbrote lassen sich mit einer dicken Schleife wunderschön verpacken und eignen sich hervorragend zum Verschenken.

Rezept von Regina Reuscher, Oberursel

Zutaten:

5 Eier
500 g Zucker
500 g Mehl
1 TL Zimt
1/2 TL gemahlene Nelken
1/2 TL Muskatpulver
1/2 TL Ingwerpulver
1 EL Kakaopulver
1 TL Backpulver
100 g fein gemahlenes Zitronat
80 g fein gemahlenes Orangeat
800–1000 g Mandeln (ganz)

Guss:
2 Eigelb
2 EL Schlagsahne

Müsliriegel

Die Cashewnüsse, Haselnüsse, Walnüsse und Paranüsse mit einem scharfen Messer grob klein hacken und in eine Schüssel schütten.

Dann die Datteln und Cranberrys ebenfalls grob zerkleinern und zu den Nüssen geben. Jetzt alles mit Zimt, Sonnenblumenkernen, Kürbiskernen und den gemahlenen Mandeln gut vermischen.

Das Kokosöl in einem Topf erhitzen und dann zu der Nussmischung geben. Jetzt den Honig noch mit unterheben und alles kräftig verrühren oder am besten mit den Händen verkneten.

Eine Backform fetten oder mit Backpapier auslegen und diese mit der zähen Masse füllen.

Die Nussmischung fest in die Form drücken und mit Kokosflocken bestreuen, nochmal alles andrücken, damit man sie später gut schneiden kann.

Zum Schluss alles mit Backpapier abdecken und mit einem schweren Gegenstand beschweren. Am besten eignen sich zwei Backbücher.

Die Masse im Kühlschrank für **ca. 2–3 Stunden** erstarren lassen und in die gewünschte Form schneiden.

Zutaten:

70 g Cashewnüsse
70 g Haselnüsse
50 g Walnüsse
60 g Paranüsse
60 g getrocknete Datteln
100 g getrocknete Cranberrys
2 EL Zimt
30 g Sonnenblumenkerne
30 g Kürbiskerne
30 g gemahlene Mandeln
6 EL Kokosöl
2 EL Honig
Kokosflocken zum Bestreuen

Nussknacker

Den Backofen auf 160 Grad Umluft / E-Herd 180 Grad vorheizen.

Zwei Backbleche mit Backpapier auslegen und bereitstellen.

Die Nüsse auf einem großen Holzbrett mit einem scharfen Messer grob klein hacken und in eine Schüssel geben. Die Vanilleschote längs aufschneiden und das Mark vorsichtig herauskratzen. Das Vanille-Mark, die Butter und das Salz in einer separaten Rührschüssel schaumig schlagen, dann das Ei unterrühren.

Das Mehl mit dem Backpulver mischen und mit in die Schüssel geben, kurz einrühren. Zum Schluss die Mandeln unter den Teig heben und mit Hilfe zweier Löffel kleine Berge auf das Blech setzen.

Tipp: Hierbei etwas Abstand halten, da die Nussknacker leicht verlaufen.

Die Plätzchen **ca. 10–12 Minuten** backen und dann gut abkühlen lassen.

In einer luftdichten Weihnachtsdose halten sich die Plätzchen besonders lang frisch.

Zutaten:

100 g Mandeln
50 g Cashewnüsse
50 g Haselnüsse
100 g Walnüsse
1 Vanilleschote
150 g weiche Butter
150 g brauner Zucker
1 Prise Salz
1 Ei
200 g Mehl
1 TL Backpulver

Pinienkern-Stangen

Die Pinienkerne im Blitzhacker fein mahlen. In einer Schüssel die gemahlenen Pinienkerne mit Mehl, Zucker und Salz vermischen.

Die Zitrone unter heißen Wasser abspülen, trocken tupfen und die Schale abreiben. Etwas Zitronensaft auspressen und beiseitestellen. Die beiden Eier ebenfalls trennen und bereithalten.

Jetzt die Butter, ein Eigelb und die abgeriebene Zitronenschale in die Schüssel dazugeben. Zuerst mit dem Knethaken des Handrührgeräts, dann mit den Händen rasch zu einem glatten Teig verkneten. Den Teig in Frischhaltefolie wickeln und im Kühlschrank **1 Stunde** kalt stellen.

Den Backofen auf 150 Grad Umluft / E-Herd 170 Grad vorheizen und zwei Backbleche mit Backpapier auslegen.

Für das Zimt-Baiser 2 Eiweiß mit dem Zitronensaft steif schlagen. Den Zucker einrieseln lassen und weiterschlagen, bis der Eischnee ganz dick ist und glänzt.

Den fertigen Eischnee in einen Spritzbeutel mit mittlerer Sterntülle füllen.

Auf eine Arbeitsplatte etwas Mehl verteilen. Den Teig mit einem bemehlten Nudelholz ca. 0,5 Zentimeter dünn ausrollen.

Den Teig erst in 2 Zentimeter breite Streifen, dann in ca. 6 Zentimeter lange Rechtecke schneiden und auf die Bleche verteilen. Jetzt den Eischnee auf die Plätzchen spritzen, wenige Pinienkerne darüber streuen und vorsichtig andrücken.

Die Pinienkern-Stangen nacheinander auf mittlerer Schiene **ca. 15 Minuten** backen, bis der Eischnee minimal gebräunt ist.

Nach dem fertigen Backvorgang, das Backblech herausnehmen und die Plätzchen mit etwas Zimt bestreuen.

Tipp: In einer Blechdose gelagert, halten sich die Stangen ca. 2 Wochen.

Rezpt von Stephanie Heckelmann, Hünfelden

Zutaten für den Teig:

100 g Pinienkerne
250 g Mehl
25 g Zucker
1 Prise Salz
175 g kalte Butter
1 Eigelb
1 TL abgeriebene
Bio-Zitronenschale

Für das Zimt-Baiser:

2 Eiweiß
2 TL Zitronensaft
100 g Zucker
50 g Pinienkerne

Zimtpulver zum
Bestreuen

Vanille-Kipferl

Die Butter auf einem Brett in Stücke schneiden. In einer großen Schüssel die Butterstücke mit dem Mehl, Zucker und den Haselnüssen gut verkneten.

Den Teig in Frischhaltefolie wickeln und auf einen Teller platzieren. Das Ganze dann im Kühlschrank **ca. 1 Stunde** kalt stellen.

Backofen auf 165 Grad Umluft / E-Herd 185 Grad vorheizen.

Ein Backblech mit Backpapier auslegen und bereitstellen.

Aus dem gekühlten Teig daumendicke Rollen formen. Davon immer 5 Zentimeter große Stücke abschneiden und ca. 40–50 Vanille-Kipferl modellieren. Die Plätzchen ungefähr **10 Minuten** backen.

In einer flachen Form den Puderzucker sieben und das Päckchen Vanillezucker untermischen.

Die Kipferl nach dem Backen etwas abkühlen lassen und in der Puder-und Vanillezucker-Mischung vorsichtig wälzen.

In einer verschlossenen Weihnachtsdose sicher aufbewahren.

Tipp: Die Vanille-Kipferl schmecken am nächsten Tag besonders gut, da die Mandeln Zeit zum Durchziehen hatten.

Zutaten für 40–50 Stück:

250 g Butter
300 g Mehl
125 g Zucker
125 g gemahlene Haselnüsse
200 g gesiebter Puderzucker
1 Päckchen Vanillezucker

Salziges

KÄSEGEBÄCK
(REZEPT SEITE 113)

E WITH LOVE WI

Käsegebäck

Den Backofen auf 180 Grad Umluft / E-Herd 200 Grad vorheizen.

Den Käse auf einem Küchenbrett mit Hilfe einer Käsereibe feinraspeln. In einer Schüssel die Butter schaumig rühren, dann das Ei, Paprikapulver, Käse und das Salz dazugeben. Die Zutaten vorsichtig miteinander vermengen.

Das mit Speisestärke und Backpulver gemischte Mehl darüber sieben und alles zu einem glatten Teig verkneten. Den Teig in der Schüssel und abgedeckt **30 Minuten** kalt ruhen lassen.

Die Arbeitsfläche jetzt mit etwas Mehl bestreuen und den Teig mit einem Nudelholz dünn ausrollen. Die 0,5 Zentimeter dicken Plätzchen mit einem kleinen Keksausstecher der Wahl stanzen und auf ein mit Backpapier ausgelegtes Backblech setzen.

Das Käsegebäck nun mit einem verquirlten Eigelb vorsichtig benetzen. Zum Bestreuen des Gebäcks eignen sich jetzt hervorragend gehakte Mandeln, aromatischer Kümmel, geriebener Käse, getrockneter Rosmarin oder Paprikapulver.

Das fertig vorbereitete Backblech mit dem bestreuten Käsegebäck für **ca. 10 Minuten** goldbraun backen.

Nach dem Abkühlen luftdicht verschließen und recht zügig verputzen.

Rezept von Andrea O'Donnell, Oberursel

Zutaten:

50 g Käse (Gouda oder Emmentaler)
75 g Butter
1 Ei
1/2 TL Paprikapulver
1/2 TL Salz
50 g Speisestärke
75 g Mehl
1 gestr. TL Backpulver

Zum Bestreichen:
1 Eigelb

Zum Bestreuen:
20 g geriebener Käse nach Wahl
2 EL Kümmel
2 EL Mandeln
1 EL getrockneter Rosmarin
1 EL Paprikapulver

Käsekrokants

Den Backofen auf 180 Grad Umluft / E-Herd 200 Grad vorheizen.

Zwei Backbleche mit Backpapier auslegen.

Auf einem Holzbrett den Cheddar, Emmentaler und Gouda mit einer Käsereibe grob reiben. Alle einzelnen Käsesorten in drei verschieden Schüssel geben. Die Sorten dabei nicht vermischen.

Mit Hilfe eines Dessert-Rings mit ca. 4 Zentimeter Durchmesser kleine Häufchen setzen. Dabei genügend Platz lassen, da der Käse beim Backen verläuft.

Die Holzstäbe in den Käse hineinlegen. Jetzt nach Belieben den Käse verfeinern.

Dafür eignen sich hervorragend Pfeffer, Pfefferkörner, Paprikapulver oder Mohn.

Die Käsekrokants **ca. 7–10 Minuten** backen.

Tipp: Je nach Backofen und Käsesorte variiert die Backzeit. Der Käse sollte nach dem Backen leicht gebräunt sein.

Zutaten:

70 g Cheddar
70 g Emmentaler
70 g Gouda
Pfeffer
Pfefferkörner
Paprikapulver
Mohn

Rote-Bete-Chips

Den Backofen auf 160 Grad Umluft / E-Herd 180 Grad vorheizen.

Zwei Backbleche mit Backpapier auslegen und beiseitestellen.

Die rote Bete waschen und trocken reiben. Jetzt das Gemüse mit einer Reibe oder mit einem scharfen Messer in dünne Scheiben schneiden. Umso dünner die Scheiben geschnitten werden, desto knuspriger werden die Chips.

Tipp: Hierbei unbedingt Einmal-Handschuhe tragen, da sonst die Finger eingefärbt werden.

Jede Scheibe einzeln und nebeneinander auf die Backbleche legen. Dann das Olivenöl in ein kleines Schälchen geben und mit den Fingern auf den Rote-Bete-Scheiben verteilen.

Die Backbleche in den vorgeheizten Backofen schieben und **ca. 30–40 Minuten** knusprig backen.

Die Ränder der Chips sollten sich nach oben wellen, wenn sie fertig sind.

Testweise immer wieder einen Chips aus dem Ofen entwenden und abkühlen lassen. Die Rote-Bete-Chips werden beim Abkühlen fest und knusprig. Anschließend mit Salz und Pfeffer bestreuen.

Tipp: Die Chips noch am gleichen Tag verzehren.

Zutaten:

2 Stück Rote Bete
1 EL Olivenöl
Meersalz
Pfeffer

Vollkornbrot

Den Backofen auf 150 Grad Umluft / E-Herd 170 Grad vorheizen.

Eine Kastenform fetten und mit Haferflocken ausstreuen, so dass der Boden sowie die Wände gut abgedeckt sind.

Die Buttermilch in einen Topf gießen und etwa 50 ml davon abschöpfen. In die 50 ml Buttermilch die Trockenhefe geben, mit einer Gabel verrühren und gehen lassen.

Die 450 ml Buttermilch im Topf erwärmen und den Zuckerrübensirup unter Rühren darin auflösen.

Die trockenen Zutaten wie Weizenmehl, Roggenschrot, Weizenschrot, Leinsamen, Sesam, Sonnenblumenkerne und Salz in einer großen Rührschüssel mischen. Die warme Buttermilch und die aufgelöste Trockenhefe zu der Trockenmasse schütten und mit einem Knethaken gut durchkneten.

Den Teig in die Kastenform geben und auf mittlerer Schiene **3 Stunden** backen. Nach ca. 2 Stunden das Vollkornbrot mit Alufolie abdecken und weiterbacken.

In der Form auskühlen lassen.

Tipp: Das Brot schmeckt mit einfacher Butter am besten!

Zutaten:

1 TL Butter
Haferflocken

500 ml Buttermilch
1,5 Päckchen Trockenhefe
125 g Zuckerrübensirup
250 g Weizenmehl
140 g Roggenschrot
140 g Weizenschrot
70 g Leinsamen
70 g Sesam
50 g Sonnenblumenkerne
1/2 TL Salz

ELSES MOKKA-
SCHOKOLADENPLÄTZCHEN
(REZEPT SEITE 126)

Schokoladiges

Cake-Pops

Den Backofen auf 160 Grad Umluft / E-Herd 180 Grad vorheizen.

Den Puderzucker sieben und in einer Schüssel mit der Butter und dem Salz schaumig rühren. Jetzt die Eier einzeln unterschlagen.

Das Mehl mit dem Backpulver sieben und mit der Milch abwechselnd in die Buttermischung einarbeiten.

Zwei kleine Kastenformen fetten und mit Mehl bestäuben. Die Hälfte des Teiges in eine der beiden Kastenformen geben und beiseitestellen.

Die andere Hälfte des Teiges mit dem Kakaopulver vermengen und dann in die zweite Kastenform füllen. Beide Teige für **ca. 30 Minuten** backen.

Die Kuchen abkühlen lassen, herauslösen und in zwei Schüsseln mit den Händen zerkrümeln. Dabei die festen Stücke herauslesen.

Zweimal 50 g Frischkäse und 50 g Crème Fraîche mischen und unter die jeweiligen Kuchenkrümel mischen. Mit den Händen kräftig kneten.

Jetzt ca. 45 Cake-Pops ca. 4 Zentimeter im Durchmesser rollen und auf ein Blech setzen.

Ein Stück Kuvertüre im Wasserbad schmelzen. Jetzt die Lolli-Stängel ca. 1 Zentimeter tief in die erwärmte Kuvertüre tränken und dann ca. 1/3 weit in die Kugeln stecken.

Die Kugeln mit den Stängeln **ca. 30 Minuten** im Kühlschrank kühlen.

Alle drei Kuvertüren nacheinander im Wasserbad schmelzen und bereitstellen. Die Cake-Pops aus dem Kühlschrank nehmen und einzeln in die Kuvertüre tauchen. Jetzt nach Belieben dekorieren.

Die Cake-Pops zum Trocknen in Gläser stellen oder auch in Styropor stecken.

Tipp: Die Cake-Pops eignen sich hervorragend als Geschenk. Hierfür einfach kleine Schleifen um die Stängel binden.

Zutaten für 45 Stück:

120 g Puderzucker
150 g weiche Butter
1 Prise Salz
2 Eier
200 g Mehl
2 gehäufte TL Backpulver
150 ml Milch
30 g Kakaopulver
100 g Frischkäse
100 g Crème Fraîche

200 g Zartbitter-Kuvertüre
200 g Vollmilch-Kuvertüre
200 g Weiße Kuvertüre
45 Lolli-Stängel

Zum Dekorieren:
Kokosflocken
gehackte Mandeln
Streusel
Zuckerperlen
etc.

Doppeldecker mit Schokoladencreme

Den Backofen auf 180 Grad Umluft / E-Herd 200 Grad vorheizen.

In einer großen Schüssel die Butter (Zimmertemperatur), den Zucker, die Prise Salz und die 3 Päckchen Vanillezucker schaumig rühren.

Das Mehl mit dem Backpulver sieben und zur Butter-Zuckermasse geben. Die Mandeln ebenfalls zum Schluss dazuschütten und alles mit dem Knethaken ordentlich verkneten.

Ein Backblech mit Backpapier auslegen und bereitstellen. Den Teig auf einer bemehlten Arbeitsfläche ausrollen und kleine Plätzchen ausstechen. Diese dann auf das Backblech setzen und **ca. 9–11 Minuten** backen.

Danach die Plätzchen aus dem Backofen nehmen und auf dem Backblech zum Auskühlen beiseitestellen.

Je zwei ausgekühlte Plätzchen mit etwas Schokoladencreme zusammensetzen.

Die Kuvertüre in einem Wasserbad erhitzen. Eine kleine Ecke an der Tüte abschneiden und die Doppeldecker damit verzieren.

Rezept von Margret Graichen, Friedrichsdorf

Zutaten:

280 g weiche Butter
120 g Zucker
1 Prise Salz
3 Päckchen Vanillezucker
400 g Mehl
100 g gemahlene Mandeln
1 Messerspitze Backpulver

Für die Füllung:
100 g Schokoladencreme

Für die Dekoration:
200 g Zartbitterkuvertüre

Elses Mokka-Schokoladenplätzchen

Zutaten:

3 Eiweiß
100 g Zucker
300 g gehackte Mandeln
6 TL Pulverkaffee
100 g Zartbitter-
schokolade
50 g Mehl
60 Oblaten (Ø 4 cm)

Zum Dekorieren:
100 g weiße Schokolade
60 Mokkabohnen

Den Backofen auf 180 Grad Umluft / E-Herd 200 Grad vorheizen.

In einer kalten Schüssel das Eiweiß zu einem steifen Schnee schlagen. Währenddessen langsam den Zucker peu à peu einrieseln lassen.

Die Schokolade auf einem Brett klein hacken und griffbereit stellen. Das Mehl sieben und mit den gehackten Mandeln, dem Pulverkaffee und der Schokolade unter den Eischnee vermengen.

Oblaten auf dem mit Backpapier ausgelegtem Backblech verteilen und mit Hilfe von zwei Teelöffeln kleine Teighäufchen daraufsetzen.

Die Plätzchen daraufhin für ungefähr **20 Minuten** backen und abschließend auf einem Gitter abkühlen lassen.

Für die Dekoration die weiße Schokolade klein hacken und im warmen Wasserbad auflösen. Die flüssige Schokolade in eine Spritze füllen und kleine Tupfen in der Mitte der Plätzchen setzen. Jeweils eine Mokkabohne auf die Schokolade drapieren.

Elses Mokka-Schokoladenplätzchen auf einem Weihnachtsteller hübsch platzieren.

Rezept von Karin Möhn, Hünfelden

Leckere Rumwürfel

Den Backofen auf 150 Grad Umluft / E-Herd 170 Grad vorheizen.

Eine Backform der Größe 30 x 35 Zentimeter mit Backpapier auslegen und griffbereit stellen.

Die Butter mit den Eiern, Zucker und Vanillezucker in einer Schüssel cremig schlagen. Das Mehl, Backpulver und Kakao vermischen und sieben. Die gesiebte Trockenmischung abwechselnd mit der Milch unter die Butter-Eimasse einrühren.

Die Masse jetzt in die vorbereitete Backform geben und glatt ziehen. Der Rumwürfelteig dann im heißen Ofen **ca. 20–25 Minuten** backen.

Den abgekühlten Kuchen an den Rändern je einen ca. 1 Zentimeter breiten Streifen abschneiden und entsorgen oder direkt verputzen. Nun den eigentlichen Kuchen in schöne Würfel (ca. 2,5 x 2,5 cm) schneiden.

Die Vollmilch- und Zartbitter-Kuvertüre auf einem Brett grob klein hacken, vermischen und über einen warmen Wasserbad schmelzen.

Die geschmolzene Kuvertüre nun mit dem Puderzucker und dem Rum glatt verrühren. Die nächsten **15 Minuten** alles anziehen lassen, damit der Guss nicht zu flüssig ist.

Derweil die Kokosraspel in eine Schüssel geben. Ein Kuchengitter über ein Backblech oder bloßes Backpapier legen.

Jeweils mehrere Würfel in den Guss tauchen, mit einer Gabel nacheinander auf das Kuchengitter legen, **2–3 Minuten** abtropfen lassen und die Hälfte der Würfel in Kokosraspeln wälzen.

Die leckeren Rumwürfel mindestens **1 Stunde** trocknen lassen und dann verschlossen kühl lagern.

Rezept von Renate Weitzel, Stadtallendorf

Zutaten:

175 g weiche Butter
4 Eier
450 g Zucker
1 Päckchen Vanillezucker
500 g Mehl
3 TL Backpulver
60 g Kakaopulver
100 ml Milch

Für den Guss:

160 g Vollmilch-Kuvertüre
160 g Zartbitter-Kuvertüre
500 g Puderzucker
3/8 Liter Rum
150 g Kokosraspel

Nougatknöpfe

Die Butter in einem Topf erwärmen. Den Topf von der Herdplatte nehmen und die Butter in eine große Rührschüssel geben. Den Zucker, Vanillezucker und die Prise Salz ebenfalls mit einrieseln lassen und cremig rühren. Jetzt das Eigelb mit einarbeiten.

Zuletzt das Mehl und die Nüsse unterkneten bis ein schöner geschmeidiger Teig entsteht. Den Teig in Folie wickeln und für zwei Stunden in den Kühlschrank legen.

Den Backofen auf 180 Grad Umluft / E-Herd 200 Grad vorheizen.

Nach dem Kühlvorgang den Teig auf einem Holzbrett zu zwei Teigrollen formen. Mit einem scharfen Küchenmesser jede in 20 Scheiben schneiden.

Aus den Scheiben Kugeln formen und auf mit Backpapier belegte Backbleche setzen. Mit den Händen die Kugeln etwas platt drücken und mit einem dicken Kochlöffelstiel Mulden hineindrücken.

Das belegte Backblech im Backofen auf die zweite Schiene von unten schieben und die Plätzchen **ca. 10–12 Minuten** backen.

Die Plätzchen gut auskühlen lassen und danach mit Puderzucker bestäuben.

Das Nougat in einem Wasserbad erwärmen und glatt rühren. Mit zwei Teelöffeln die Plätzchen damit füllen und warten, bis das Nougat wieder erstarrt ist.

Tipp: Die Nougatknöpfe halten sich wegen Suchtpotential nicht lange in Dosen auf.

Rezept von Kirsi Hechler, Frankfurt

Zutaten:

120 g warme Butter
40 g Zucker oder Rohrohrzucker
1 Päckchen Vanillezucker
1 Prise Salz
1 Eigelb
150 g Dinkel-Vollkornmehl
50 g gemahlene Haselnüsse oder Mandeln

Zum Bestäuben:
Puderzucker

Zum Befüllen:
150 g Nougatcreme

Nougatstangen

Den Backofen auf 160 Grad Umluft / E-Herd 180 Grad vorheizen.

Ein Backblech fetten und mit Backpapier belegen.

Butter in einer Schüssel mit einem elektrischen Rührgerät geschmeidig rühren. Puderzucker nach und nach mit Vanillezucker und Zimt unterrühren, bis eine gebundene Masse entsteht.

Die Eier trennen und jedes Eigelb etwa **30 Sekunden** auf höchster Stufe unterrühren. Das Mehl mit dem Backpulver und dem Kakaopulver mischen und in 2 Portionen kurz auf mittlerer Stufe unterrühren. Zuletzt die gemahlenen Haselnüsse unterheben. Jetzt den Teig in kleinen Portionen in einen Spritzbeutel mit Sterntülle (Ø 8 mm) füllen, etwa 4 cm lange Streifen auf das Backpapier spritzen und für **ca. 9 Minuten** backen.

Das Gebäck vorsichtig mit dem Backpapier vom Blech ziehen und auf einem Kuchenrost erkalten lassen.

Für die Füllung das Nougat im Wasserbad bei schwacher Hitze zu einer geschmeidigen Masse verrühren und die Hälfte der Gebäckstangen auf der Unterseite damit bestreichen. Übrige Stangen daraufsetzen und leicht andrücken.

Auf einem Schneidebrett die Zartbitterschokolade grob zerkleinern, mit dem Öl im Wasserbad bei schwacher Hitze schmelzen und gut verrühren.

Zum Schluss die Enden der Nougatstangen in den Guss tauchen und auf einem Gitterrost fest werden lassen.

Rezept von Gudrun Löhr, Ehringshausen

Zutaten:

225 g weiche Butter
100 g Puderzucker
1 Päckchen Vanillezucker
1 Messerspitze gemahlener Zimt
3 Eigelb
200 g Weizenmehl
1 gestr. TL Backpulver
20 g Kakaopulver
100 g gemahlene Haselnüsse

Für die Füllung:

100 g Nuss-Nougat

Für den Guss:

150 g Zartbitterschokolade
1 EL Speiseöl, z. B. Sonnenblumenöl

Schoko-Mandel-Gebäck

Den Backofen auf 180 Grad Umluft / E-Herd 200 Grad vorheizen.

Die Zartbitterschokolade mit einer Reibe auf einem Brett klein raspeln und beiseitestellen.

In einer Rührschüssel die Butter, Zucker und Eier schaumig schlagen. Das abgewogene Mehl mit dem Zimt mischen. Dann mit der geraspelten Schokolade und den Mandelstiften zum Teig geben und gut einarbeiten.

Ein eingefettetes Backblech mit Backpapier auslegen. Danach den Teig ca. 2 Zentimeter dick auf dem Backpapier verstreichen und **ca. 20 Minuten** goldbraun backen.

Das Gebäck aus dem Ofen nehmen und auf dem Blech abkühlen lassen.

Währenddessen die Zartbitterkuvertüre brechen und in einem Wasserbad schmelzen. Sofort das Gebäck mit dem flüssigen Guss besprenkeln.

Nachdem die Kuvertüre erkaltet ist, das Gebäck in kleine Vierecke oder Rauten schneiden.

Tipp: Das Schoko-Mandel-Gebäck unbedingt luftdicht verschließen, damit es weich bleibt.

Rezept von Andrea O'Donnell, Oberursel

Zutaten:

250 g geraspelte Zartbitterschokolade
250 g Butter
200 g Zucker
3 Eier
250 g Mehl
1 TL Zimt
100 g Mandelstifte

Für den Guss:
200 g Zartbitterkuvertüre

Schoko-Schneebälle

Die Zartbitterschokolade mit den Händen in mehrere Stücke brechen.

Die Schokolade mit der Butter in einem Wasserbad unter Rühren zerschmelzen.

In einer Rührschüssel den Zucker, Vanillezucker und Eier schaumig aufschlagen. Dann die geschmolzene Schoko-Buttermasse langsam dazu rühren. Das Mehl, Kakao und Backpulver miteinander vermischen, sieben und mit zu den anderen Zutaten geben. Alles gut miteinander verrühren.

Den Teig mit einem Küchentuch abdecken und **ca. 1 Stunde** kühl stellen.

Den Backofen auf 140 Grad Umluft / E-Herd 160 Grad vorheizen. Zwei Backbleche mit Backpapier auslegen und beiseitestellen.

Den Puderzucker sieben und in eine Schale geben. Mit den Händen aus dem Teig Kugeln von ca. 2,5 Zentimeter Durchmesser formen.

Die Kugeln im Puderzucker großzügig wälzen und auf das Blech setzen.

Die Schoko-Schneebälle **ca. 20 Minuten** backen und in einer Blechdose luftdicht aufbewahren.

Tipp: Am Puderzucker bitte nicht sparen. Durch mehr Puderzucker entsteht das schöne gerissene Muster auf den Schoko-Schneebällen.

Rezept von Ellen Hebel-Volpert, Nidderau

Zutaten:

200 g Zartbitter-Schokolade 70%

50 g Butter

120 g Zucker

1 Päckchen Vanillezucker

3 Eier

180 g Mehl

30 g Kakao

1/2 TL Backpulver

50 g Puderzucker

Schokoladenplätzchen

Auf einem großen Schneidebrett die beiden Schokoladensorten grob klein hacken.

In einem Topf die zerkleinerte Schokolade mit Butter und Vanillezucker unter Rühren auflösen. Den Topf vom Herd nehmen und die Masse abkühlen lassen.

Die Cornflakes in einen kleinen Beutel füllen und mit einem Nudelholz darüber rollen, bis sie zerkleinert sind.

Dann die Kokosflocken zu der warmen Schokomasse geben und unterrühren. Jetzt die Cornflakes und den Rum unterheben, bis alles miteinander vermischt ist.

Zwei Backbleche mit Backpapier auslegen. Mit kleinen Löffeln Plätzchen formen und auf den Backblechen erkalten lassen.

Tipp: Die unglaublich leckeren Schokoladenplätzchen kühl lagern.

Rezept von Kerstin Wolf, Merenberg

Zutaten:

300 g Milchschokolade
200 g Zartbitter-
schokolade
20 g Butter
1 Päckchen Vanille-
zucker
150 g Kokosflocken
150 g Cornflakes
1 Fläschchen Rum-
Aroma oder 2 EL
Rum 54 Vol.-%

Wawuschel

Den Backofen auf 155 Grad Umluft / E-Herd 175 Grad vorheizen.

In einer Rührschüssel die Butter mit dem Zucker und dem Vanillezucker schaumig schlagen. Das Mehl mit dem Backpulver mischen und mit den Eiern abwechselnd zu der Butter-Zucker-masse geben.

Ein Backblech mit Backpapier ausle-gen. Den Teig darauf verteilen und **ca. 30 Minuten** im Backofen backen.

Den Plätzchen-Teig aus dem Backofen nehmen, mit einem Küchentuch abde-cken und **ca. 8–10 Stunden** ruhen las-sen. Den Teig mit einem scharfen Mes-ser in Würfel schneiden.

Für den Guss die Blockschokolade grob klein hacken und mit der Milch, dem Zucker und der Margarine in einen Topf geben.

Unter ständigem Rühren alles erwär-men und auflösen.

Die Kokosraspel in eine Schüssel geben und bereithalten. Die fertigen Teig-Würfel mit Hilfe zweier Gabeln einzeln in die Schokoladenmasse tau-chen und anschließend in den Kokos-flocken wälzen.

Alles auf einem Kuchengitter abkühlen lassen und luftdicht in einer Dose auf-bewahren.

Rezept von Yvonne Speth, Niedertiefenbach

Zutaten für den Teig:

375 g Butter
375 g Zucker
1 Päckchen Vanillezu-cker
6 Eier
375 g Mehl
1 Päckchen Backpulver

Für den Guss:
1 Blockschokolade
500 ml Milch
200 g Zucker
3 EL Margarine

Zum Wälzen:
300 g Kokosraspel

Das Freulein sagt Danke!

Wow, jetzt halten wir alle mein erstes Backbuch in den Händen. Von Anfang an war dies eines meiner spannendsten Abenteuer in meinem Erdendasein. Ein riesiges Geschenk für mich! Danke, dass du es dir ausgesucht hast, liebe/r Leser/in.

Ich danke dem wundervollen Societäts-Verlag Frankfurt für das Vertrauen mit mir dieses Werk zu erschaffen. Danke, dass während des gesamten Entstehungsprozesses immer ein offenes und freundliches Ohr da war und alle meine Fragen unermüdlich und geduldig beantwortet wurden. Jeder einzelne Austausch war für mich kraftspendend, motivierend und sehr respektvoll. Danke für das Wohlfühlen und den besten Boss: Herrn Dr. René Heinen! Ich werde nie den Moment vergessen, als ich mit Herzklopfen realisierte, welch großes Ding Sie mit mir reißen wollten. Ich hätte mir für mein erstes Backbuch keinen besseren Verlag wünschen können. Thanx!

Dankeschön an meinen Herrn Bla, der mich vor Jahren liebevoll dazu gebracht hat, meinen eigenen Back-Blog als Freulein zum Leben zu erwecken. Deine unendliche Liebe lässt mich wachsen und sein, wer ich bin. Du siehst immer meine Stärken und pushst mich in allen Lebenslagen. Danke, dass du als grandioser Schreiber über meine Texte schaust und sie dann in verständlichere Sätze umformulierst. Du nimmst mir immer wieder die Zweifel vor dem Schreiben. Dein kreativer Kopf ist immer bei mir – ich danke dir für ALLES, my LOVE.

Mum, deine Gabe zu dekorieren, ist der absolute Wahnsinn! Danke für jede schnelle Hilfe, wenn ich mal wieder etwas frustriert war. Aus dem kleinsten Stern zauberst du die schönste Komposition. Das ist Liebe zum Detail!

Danke an mein tolles Handmodell! Dad, du hast für mich die schönsten Hände, die jeden Tag Wundervolles erschaffen. Ich weiß, du durftest aus künstlerischen Gründen nicht alles an Gebackenem probieren. Ich hoffe aber, du nimmst es mir nicht mehr krumm. Du wirst noch viel Gebäck von mir serviert bekommen, versprochen! Mum und Dad! Ihr seid das größte Vorbild für mich. Die Welt durch euch kennenlernen zu dürfen, war das Beste, was mir als Kind passieren konnte. Danke für euren Glauben an mich, und das vom ersten Atemzug an. Einen lieben Dank auch an meinen Bruder Jens: für die kreativen Foto-Ideen und das Zusammenstecken unserer Köpfe.

Meine Beste! Was hast du nicht schon alles für mich getan, um meine Träume mit mir zu verwirklichen. Danke für jedes Schleppen von Mehl, Zucker, Butter, Eier und Zartbitterschokolade. Für die motivierenden Gespräche, die mich immer wieder haben aufstehen lassen, wenn ich zweifelte. Du bist der strengste Kekstester der Welt und liebst nur das, was dunkle Schokolade enthält. Du wunderst dich nicht mehr über mein Schlachtfeld in der Küche, wenn ich backe und kreativ bin. Ratzfatz hilfst du mir, wo du nur kannst. Du schießt meine Profil-Fotos oder hältst Lichterketten in unbequemen Posen. Danke, Claudi, für deine Freundschaft, deine Unterstützung und diese liebende Verbindung als beste Freundin!

Danke an das beste „Mundwerk" auf der Welt. Nina, du bist ein wundervoller Mensch. Für mich die großartigste Köchin und eine tolle Freundin. Danke für dein schönes Geschirr, die Tortenständer und tonnenweise leckere Marmelade. Danke für all deine guttuenden Worte und die Professionalität! Und Anja, danke fürs glückliche Plätzchenessen. Du bekommst noch eine Extraladung Lieblingsplätzchen nachgereicht. Danke für euch!

Kaddie, mein Swän! Danke für deine Weihnachtsdekoration, die du für mich schon in der Osterzeit herausgekramt hast. Danke für das Mitfiebern, deine Begeisterung und deine Ideen rund um das Thema Backbuch. Sonja und Möni, danke, ihr Testesser! Ihr seid die tollsten Swäns, die man sich wünschen kann.

Ein dickes Dankeschön an unseren Edeka-Winkler in Weiterstadt. Danke, Stefan, dass du mir kartonweise Eier spendiert hast. Du bist ein toller Mensch, der so viel gibt. Ich war wirklich sprachlos über so eine großzügige Spende.

Danke an Verena. Was ein Glück ist auf dich immer Verlass! Dein wunderschönes Dekorationsmaterial war meine Rettung. Ohne dich wäre ich aufgeschmissen gewesen. Danke für deine Hilfe, dein Verständnis und dein Geben.

Vielen lieben Dank an die Familie Mertens! Lange Jahre habt ihr gemeinsam mit mir die verschiedensten Ideen ausgetüftelt und immer Hilfe angeboten, wenn es irgendwo gehakt hat und euch mit mir gefreut, wenn der Erfolg kam. Danke für eure stetige Hilfsbereitschaft und Großzügigkeit.

Liebe Katharina, wie oft stehe ich panisch vor deinem Eiscafé Casagrande in Weiterstadt und benötige Schlagsahne oder Eiscreme, wenn alle Geschäfte geschlossen haben. Danke für deine beruhigenden Worte und dein großes gebendes Herz.

Danke an mein Omile. Sie war gelernte Köchin. Ich bin mir ziemlich sicher, dass ich von ihr die Gabe zum Backen bekommen habe. Sie ist mit Stolz bei mir, das weiß ich sicher.

Danke auch an meine andere Großmutter für drei Familienrezepte, die in diesem Buch verewigt sind. Solche Rezepte sind immer für alle Familien das Größte!

Und natürlich auch vielen Dank an die Sponsoren: Villa Landleben, Das Stoffparadies, Ideenreich von A-Z und trendywelt. Die Utensilien, Stoffe, Kerzen, Weihnachtskugeln, Windlichter etc. kamen wunderbar zum Einsatz! Vielen lieben Dank!

Zu guter Letzt sende ich ein besonderes Dankeschön an meine lieben Mitarbeiterinnen Anna, Carmina und Steffi. Ein dickes Dankeschön und eine Entschuldigung zugleich. Ihr musstet essen und mein aufgeregtes Wesen aushalten. Danke für euch als Super-Team! Mit Liebe zum Schönen ...

Und ein Zuckerkuss aufs Händchen!

Die Autorin

Sandra Nauheimer hat ihr Lebensmotto „Mit Liebe zum Schönen" im wahrsten Sinne des Wortes zu ihrem Beruf gemacht. Neben nationalen und internationalen Auszeichnungen gewann sie 2015 den begehrten Gloria-Award als Deutschlands beste Kosmetikerin. Eine weitere große Leidenschaft ist das Backen und Fotografieren. Deshalb vereint sie ihren Sinn für das Schöne und Genussvolle seit 2013 in ihrem Blog „Das Freulein backt".